100

FAITS À SAVOIR SUR LE

TRADING

SCRIBE DU TEMPS

1. COMMERCE ANTIQUE
2. FONDATION NYSE
3. FOREX MONDIAL
4. TRADING ALGORITHMIQUE
5. STRATÉGIE BUFFETT
6. SPÉCULATION CFD
7. DAY TRADING
8. BULLES SPÉCULATIVES
9. VENTE À DÉCOUVERT
10. NAISSANCE BITCOIN
11. SWING TRADING
12. OPTIONS FINANCIÈRES
13. GESTION RISQUES
14. ANALYSE TECHNIQUE
15. ANALYSE FONDAMENTALE
16. TRADING SUR MARGE
17. CONTRATS FUTURES
18. STRATÉGIE SCALPING
19. HAUTE FRÉQUENCE
20. KRACH 1929
21. INDICATEURS ÉCONOMIQUES
22. PSYCHOLOGIE TRADING
23. PENNY STOCKS
24. TRADING SOCIAL
25. ETFS MARCHÉS
26. DIVERSIFICATION PORTEFEUILLE
27. TITRES OBLIGATAIRES
28. FOREX 24/7
29. CARRY TRADE
30. STRATÉGIE HEDGING
31. COMMODITIES TRADING
32. LIQUIDITÉ MARCHÉS
33. RATIO SHARPE
34. ORDRES STOP LOSS
35. MARKET TIMING
36. ACTIONS BLUE CHIPS
37. PAIR TRADING
38. BULL MARKETS
39. BEAR MARKETS
40. VOLATILITÉ MARCHÉS
41. VALUE INVESTING
42. DIVIDEND STOCKS
43. MOMENTUM TRADING
44. MARKET MAKER
45. LEVERAGE TRADING
46. INDICES BOURSIERS
47. MUTUAL FUNDS
48. INSIDER TRADING
49. STOCK SPLITS
50. CAPITALISATION BOURSIÈRE
51. STOCK OPTIONS
52. DIVIDEND YIELD
53. JUNK BONDS
54. MARKET DEPTH
55. REITS IMMOBILIERS
56. PORTFOLIO BALANCING
57. IPOS MARCHÉS
58. ANALYSE TECHNIQUE
59. ANALYSE FONDAMENTALE
60. TRADING BOTS
61. STOCK INDICES
62. MARGIN CALL
63. ROBO-ADVISORS
64. PUMP AND DUMP
65. DARK POOLS
66. TRADING JOURNALS
67. QUANTITATIVE EASING
68. TRADING SIGNALS
69. WASH TRADING
70. ORDER TYPES
71. BLACK SWAN EVENT
72. HEDGE FUNDS
73. CONCOURS TRADING
74. RÉGULATION MARCHÉS
75. TRADING DESKS
76. T+2 SETTLEMENT
77. HEURES TRADING
78. CRYPTO EXCHANGES
79. STOCK SCREENERS
80. FRONT RUNNING
81. COMMISSIONS TRADING
82. ÉMOTIONS TRADING
83. CURRENCY PAIRS
84. STOCK BUYBACKS
85. RISK-ON, RISK-OFF
86. FRAIS TRADING
87. PLATEFORMES TRADING
88. DODD-FRANK ACT
89. BLOCK TRADES
90. CTA MATIÈRES PREMIÈRES
91. FLASH CRASHES
92. GURUS TRADING
93. MANIPULATION MARCHÉS
94. WALLETS CRYPTOS
95. GESTION RISQUES
96. LIVRES TRADING
97. MARCHÉS ÉMERGENTS
98. TRADING FLOOR
99. MARKET ORDERS
100. CRYPTO MINING

PRÉFACE

CHERS LECTEURS,

BIENVENUE DANS "100 FAITS À SAVOIR SUR LE TRADING", UN VOYAGE À TRAVERS LES COMPLEXITÉS ET LES FASCINATIONS DU MONDE FINANCIER. LE TRADING, CETTE ACTIVITÉ ANCESTRALE QUI REMONTE À L'ÉCHANGE DE BIENS ESSENTIELS COMME LES ÉPICES ET LA SOIE, A ÉVOLUÉ POUR DEVENIR UNE COMPOSANTE CRUCIALE DE NOTRE ÉCONOMIE MONDIALE. CE LIVRE EST UNE CÉLÉBRATION DE CETTE ÉVOLUTION, EXPLORANT L'ESSENCE DU TRADING, DE SES ORIGINES HISTORIQUES À SON INCARNATION MODERNE DANS DES MARCHÉS TOUJOURS PLUS INTERCONNECTÉS ET TECHNOLOGIQUEMENT AVANCÉS.

L'INSPIRATION POUR CE LIVRE EST NÉE DE MA PASSION POUR LE MONDE FINANCIER ET DE MON DÉSIR DE DÉMYSTIFIER UN DOMAINE SOUVENT PERÇU COMME COMPLEXE ET INACCESSIBLE. MON OBJECTIF EST DE FOURNIR UNE FENÊTRE SUR LE MONDE DU TRADING, OFFRANT AUX LECTEURS, QU'ILS SOIENT NOVICES OU EXPÉRIMENTÉS, UNE COMPRÉHENSION CLAIRE DE SES DIVERS ASPECTS. CE LIVRE EST CONÇU POUR ÉDUQUER ET ENGAGER, FOURNISSANT DES FAITS FASCINANTS ET DES INSIGHTS SUR TOUT, DES "PENNY STOCKS" ET DES "BLUE CHIPS" AU "SWING TRADING" ET AU "CRYPTO MINING".

LA COLLECTE DES INFORMATIONS PRÉSENTÉES ICI A ÉTÉ UNE ENTREPRISE MÉTICULEUSE, IMPLIQUANT DES RECHERCHES APPROFONDIES, DES CONSULTATIONS AVEC DES EXPERTS DE L'INDUSTRIE ET UNE EXPLORATION MINUTIEUSE DES TENDANCES ACTUELLES ET HISTORIQUES DU MARCHÉ. CHAQUE FAIT A ÉTÉ SOIGNEUSEMENT SÉLECTIONNÉ ET VÉRIFIÉ POUR ASSURER NON SEULEMENT SON EXACTITUDE, MAIS AUSSI POUR S'ASSURER QU'IL ÉCLAIRE UNE FACETTE UNIQUE ET INTÉRESSANTE DU TRADING.

JE TIENS À EXPRIMER MA PROFONDE GRATITUDE À TOUS CEUX QUI ONT CONTRIBUÉ À LA RÉALISATION DE CE LIVRE. UN MERCI SPÉCIAL AUX EXPERTS FINANCIERS POUR LEURS PRÉCIEUSES INSIGHTS, À MES COLLÈGUES POUR LEURS ENCOURAGEMENTS, ET À MA FAMILLE POUR SON SOUTIEN INÉBRANLABLE TOUT AU LONG DE CE PROJET.

CE LIVRE EST ÉCRIT DANS UN STYLE ACCESSIBLE ET ENGAGEANT, VISANT À RENDRE LE MONDE COMPLEXE DU TRADING COMPRÉHENSIBLE ET FASCINANT. QUE VOUS SOYEZ UN PASSIONNÉ DE FINANCE OU SIMPLEMENT CURIEUX DE DÉCOUVRIR LES MÉCANISMES DERRIÈRE LES MARCHÉS FINANCIERS, CE LIVRE EST POUR VOUS.

JE VOUS INVITE DONC À TOURNER LA PREMIÈRE PAGE ET À PLONGER DANS L'UNIVERS CAPTIVANT DU TRADING. PRÉPAREZ-VOUS À EXPLORER DES FAITS SURPRENANTS ET À ACQUÉRIR UNE COMPRÉHENSION PLUS PROFONDE D'UNE ACTIVITÉ QUI FAÇONNE NOTRE MONDE ÉCONOMIQUE.

BONNE LECTURE !

1

COMMERCE ANTIQUE

LE TRADING, REMONTANT À L'ANTIQUITÉ, S'EST D'ABORD MANIFESTÉ PAR L'ÉCHANGE DE BIENS PRÉCIEUX TELS QUE LES ÉPICES ET LA SOIE. CES ARTICLES, TRÈS RECHERCHÉS, ONT ÉTÉ ÉCHANGÉS SUR D'ANCIENNES ROUTES COMMERCIALES, NOTAMMENT LA CÉLÈBRE ROUTE DE LA SOIE. CE COMMERCE NE SE LIMITAIT PAS À DES TRANSACTIONS PURES ; IL FAVORISAIT ÉGALEMENT L'ÉCHANGE CULTUREL ET L'INNOVATION. LE COMMERCE D'ÉPICES ÉTAIT PARTICULIÈREMENT LUCRATIF, INFLUENÇANT LES EMPIRES ET MOTIVANT LES EXPLORATIONS MONDIALES. CES ÉCHANGES ANCIENS ONT JETÉ LES BASES DU TRADING TEL QUE NOUS LE CONNAISSONS AUJOURD'HUI, SOULIGNANT L'IMPORTANCE HISTORIQUE DU COMMERCE DANS LE DÉVELOPPEMENT DES SOCIÉTÉS ET DES ÉCONOMIES MONDIALES.

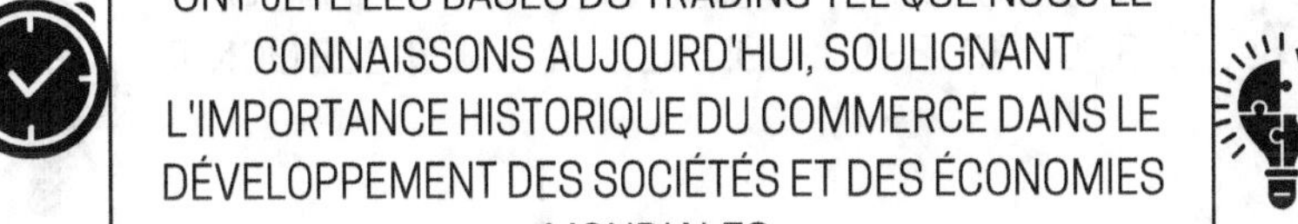

2

FONDATION NYSE

LA BOURSE DE NEW YORK, OU NYSE, EST L'UNE DES PLACES BOURSIÈRES LES PLUS INFLUENTES AU MONDE. FONDÉE EN 1792, SON ORIGINE REMONTE À L'ACCORD DE BUTTONWOOD, SIGNÉ PAR 24 COURTIERS SOUS UN PLATANE SUR WALL STREET. CE MOMENT MARQUE LE DÉBUT DE L'ORGANISATION DU MARCHÉ BOURSIER À NEW YORK. DEPUIS LORS, LA NYSE EST DEVENUE UN SYMBOLE DU CAPITALISME MONDIAL, FACILITANT LE COMMERCE DE MILLIARDS DE DOLLARS EN ACTIONS ET AUTRES INSTRUMENTS FINANCIERS. ELLE JOUE UN RÔLE CRUCIAL DANS L'ÉCONOMIE MONDIALE, INFLUENÇANT LES DÉCISIONS D'INVESTISSEMENT ET LES POLITIQUES ÉCONOMIQUES À TRAVERS LE MONDE.

3

FOREX MONDIAL

LE MARCHÉ DES CHANGES, OU FOREX, EST LE MARCHÉ FINANCIER LE PLUS VASTE DE LA PLANÈTE, AVEC UN VOLUME QUOTIDIEN DE TRANSACTIONS SURPASSANT LES 5 TRILLIONS DE DOLLARS. CE MARCHÉ DÉCENTRALISÉ OPÈRE 24 HEURES SUR 24, ATTIRANT DES PARTICIPANTS VARIÉS, DES BANQUES CENTRALES AUX INVESTISSEURS INDIVIDUELS. LE FOREX EST ESSENTIEL AU COMMERCE INTERNATIONAL, PERMETTANT LA CONVERSION DE DEVISES ET ÉTABLISSANT LES TAUX DE CHANGE. SA TAILLE IMMENSE ET SA LIQUIDITÉ LE RENDENT PARTICULIÈREMENT ATTRACTIF POUR LES TRADERS. LE FOREX ILLUSTRE L'INTERCONNEXION DES ÉCONOMIES MONDIALES ET L'IMPORTANCE DES DEVISES DANS L'ÉCONOMIE MODERNE.

4

TRADING ALGORITHMIQUE

LE TRADING ALGORITHMIQUE A RÉVOLUTIONNÉ LES MARCHÉS FINANCIERS, REPRÉSENTANT AUJOURD'HUI UNE PART SUBSTANTIELLE DU VOLUME TOTAL DES ÉCHANGES. CETTE FORME DE TRADING UTILISE DES ALGORITHMES INFORMATIQUES SOPHISTIQUÉS POUR EXÉCUTER DES ORDRES À UNE VITESSE ET UNE FRÉQUENCE INACCESSIBLES AUX TRADERS HUMAINS. LES ALGORITHMES PEUVENT ANALYSER DE GRANDES QUANTITÉS DE DONNÉES, PRENDRE DES DÉCISIONS BASÉES SUR DES CRITÈRES PRÉDÉFINIS ET EXÉCUTER DES TRANSACTIONS EN FRACTIONS DE SECONDE. CETTE MÉTHODE MINIMISE LES COÛTS DE TRANSACTION ET EXPLOITE LES PETITES VARIATIONS DE PRIX. LE TRADING ALGORITHMIQUE EST DEVENU UN ÉLÉMENT CLÉ DES STRATÉGIES D'INVESTISSEMENT INSTITUTIONNEL ET A INTRODUIT UNE NOUVELLE ÈRE DE TRADING HAUTE FRÉQUENCE, CHANGEANT PROFONDÉMENT LA DYNAMIQUE DES MARCHÉS FINANCIERS.

5

STRATÉGIE BUFFETT

WARREN BUFFETT, CONSIDÉRÉ COMME L'UN DES INVESTISSEURS LES PLUS PROSPÈRES DE L'HISTOIRE, EST CÉLÈBRE POUR SON APPROCHE D'INVESTISSEMENT À LONG TERME AXÉE SUR LA VALEUR. CONTRAIREMENT AUX STRATÉGIES DE TRADING À COURT TERME, BUFFETT SE CONCENTRE SUR LA VALEUR INTRINSÈQUE ET LES FONDAMENTAUX DES ENTREPRISES. IL PRIVILÉGIE LES SOCIÉTÉS BIEN GÉRÉES, AVEC DES AVANTAGES CONCURRENTIELS DURABLES ET DES MODÈLES D'AFFAIRES ÉPROUVÉS. BUFFETT MET L'ACCENT SUR LA PATIENCE, LA DISCIPLINE ET LA CONNAISSANCE APPROFONDIE DE L'ENTREPRISE, PLUTÔT QUE SUR LES TENDANCES DU MARCHÉ À COURT TERME. SA STRATÉGIE D'INVESTISSEMENT, SOUVENT ASSOCIÉE À LA PHILOSOPHIE DU "VALUE INVESTING", A ÉTÉ UN MODÈLE POUR DE NOMBREUX INVESTISSEURS CHERCHANT À CONSTRUIRE DES RICHESSES DURABLES À TRAVERS LES MARCHÉS BOURSIERS.

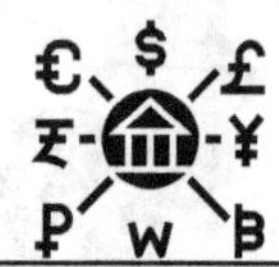

6

SPÉCULATION CFD

LES CFD, OU CONTRATS SUR LA DIFFÉRENCE, SONT DES INSTRUMENTS FINANCIERS POPULAIRES DANS LE MONDE DU TRADING. ILS PERMETTENT AUX TRADERS DE SPÉCULER SUR LES MOUVEMENTS DE PRIX D'UN ACTIF SANS EN ÊTRE PROPRIÉTAIRES. AVEC LES CFD, UN TRADER ET UN COURTIER CONVIENNENT D'ÉCHANGER LA DIFFÉRENCE DE PRIX D'UN ACTIF ENTRE L'OUVERTURE ET LA FERMETURE D'UN CONTRAT. CETTE MÉTHODE OFFRE LA FLEXIBILITÉ DE PRENDRE DES POSITIONS LONGUES (ANTICIPANT UNE HAUSSE DES PRIX) OU COURTES (ANTICIPANT UNE BAISSE DES PRIX), ET ELLE PEUT ÊTRE UTILISÉE SUR UNE VARIÉTÉ DE MARCHÉS, Y COMPRIS LES ACTIONS, LES DEVISES, LES INDICES ET LES MATIÈRES PREMIÈRES. LES CFD SONT ATTRAYANTS EN RAISON DE LEUR CAPACITÉ À UTILISER L'EFFET DE LEVIER, MAIS CELA AUGMENTE ÉGALEMENT LE RISQUE, CAR LES PERTES PEUVENT DÉPASSER LES INVESTISSEMENTS INITIAUX.

DAY TRADING

LE "DAY TRADING" EST UNE PRATIQUE OÙ LES TRADERS ACHÈTENT ET VENDENT DES ACTIFS FINANCIERS AU SEIN D'UNE MÊME JOURNÉE DE TRADING. CETTE STRATÉGIE VISE À TIRER PROFIT DES PETITS MOUVEMENTS DE PRIX SUR DE COURTES PÉRIODES. LES DAY TRADERS UTILISENT SOUVENT L'EFFET DE LEVIER POUR AUGMENTER LEUR CAPACITÉ D'ACHAT, BIEN QUE CELA AUGMENTE AUSSI LES RISQUES. ILS S'APPUIENT FORTEMENT SUR L'ANALYSE TECHNIQUE ET LES ACTUALITÉS DU MARCHÉ POUR PRENDRE DES DÉCISIONS RAPIDES. LE DAY TRADING NÉCESSITE UNE ATTENTION CONSTANTE, UNE PRISE DE DÉCISION RAPIDE ET UNE GESTION RIGOUREUSE DU RISQUE. BIEN QUE POTENTIELLEMENT LUCRATIVE, CETTE APPROCHE EXIGE UNE COMPRÉHENSION APPROFONDIE DES MARCHÉS ET UNE CAPACITÉ À GÉRER LE STRESS LIÉ AUX FLUCTUATIONS RAPIDES DES PRIX.

8

BULLES SPÉCULATIVES

LES BULLES SPÉCULATIVES SONT DES PÉRIODES OÙ LES PRIX DES ACTIFS MONTENT DE MANIÈRE IRRÉALISTE, SOUVENT DÉCONNECTÉS DE LEURS VALEURS FONDAMENTALES. UN EXEMPLE CÉLÈBRE EST LA BULLE INTERNET DES ANNÉES 1990, OÙ LES VALEURS DES ENTREPRISES TECHNOLOGIQUES ONT GRIMPÉ VERTIGINEUSEMENT AVANT DE S'EFFONDRER. CES BULLES SONT GÉNÉRALEMENT ALIMENTÉES PAR L'EXUBÉRANCE IRRATIONNELLE DES INVESTISSEURS, L'ACCESSIBILITÉ ACCRUE AU CRÉDIT ET UNE SPÉCULATION GÉNÉRALISÉE. LORSQU'UNE BULLE ÉCLATE, ELLE PEUT ENTRAÎNER DES CRASHS MAJEURS, AFFECTANT NON SEULEMENT LES MARCHÉS FINANCIERS MAIS AUSSI L'ÉCONOMIE RÉELLE. LES BULLES SPÉCULATIVES ET LEURS ÉCLATEMENTS SONT DES RAPPELS CRITIQUES DE LA NÉCESSITÉ DE LA PRUDENCE DANS L'INVESTISSEMENT ET DE LA COMPRÉHENSION DES FONDAMENTAUX ÉCONOMIQUES ET DE LA VALEUR INTRINSÈQUE DES ACTIFS.

9

VENTE À DÉCOUVERT

LE "SHORT SELLING" OU VENTE À DÉCOUVERT, EST UNE TECHNIQUE DE TRADING OÙ LES INVESTISSEURS VENDENT DES ACTIFS QU'ILS NE POSSÈDENT PAS, DANS L'ESPOIR DE LES RACHETER PLUS TARD À UN PRIX INFÉRIEUR. CETTE STRATÉGIE EST BASÉE SUR L'ANTICIPATION D'UNE BAISSE DES PRIX DES ACTIFS. POUR VENDRE À DÉCOUVERT, UN TRADER EMPRUNTE DES ACTIONS OU D'AUTRES ACTIFS ET LES VEND IMMÉDIATEMENT SUR LE MARCHÉ OUVERT. SI LE PRIX BAISSE COMME PRÉVU, LE TRADER RACHÈTE LES ACTIFS À UN PRIX INFÉRIEUR, LES REND À L'EMPRUNTEUR ET RÉALISE UN PROFIT SUR LA DIFFÉRENCE. CEPENDANT, SI LE PRIX DE L'ACTIF AUGMENTE, LE TRADER SUBIRA DES PERTES, POTENTIELLEMENT ILLIMITÉES. LA VENTE À DÉCOUVERT EST SOUVENT CONSIDÉRÉE COMME RISQUÉE ET EST GÉNÉRALEMENT UTILISÉE PAR DES TRADERS EXPÉRIMENTÉS.

10

NAISSANCE BITCOIN

LANCÉ EN 2009, LE BITCOIN A MARQUÉ LE DÉBUT D'UNE NOUVELLE ÈRE DANS LE MONDE FINANCIER AVEC L'INTRODUCTION DES CRYPTOMONNAIES. CONÇU PAR UNE PERSONNE OU UN GROUPE SOUS LE PSEUDONYME DE SATOSHI NAKAMOTO, LE BITCOIN EST LA PREMIÈRE MONNAIE NUMÉRIQUE DÉCENTRALISÉE. IL FONCTIONNE SUR UNE TECHNOLOGIE DE BLOCKCHAIN, UN REGISTRE PUBLIC ET IMMUABLE. LE BITCOIN A OUVERT LA VOIE À DES MILLIERS D'AUTRES CRYPTOMONNAIES, CHACUNE AVEC SES CARACTÉRISTIQUES ET UTILISATIONS UNIQUES. CES MONNAIES NUMÉRIQUES ONT INTRODUIT DES CONCEPTS INNOVANTS COMME LA DÉCENTRALISATION, LA SÉCURITÉ CRYPTOGRAPHIQUE ET LA CONSENSUS SANS AUTORITÉ CENTRALE. ELLES ONT REMIS EN QUESTION LES SYSTÈMES MONÉTAIRES TRADITIONNELS ET OUVERT DE NOUVELLES POSSIBILITÉS DANS LE DOMAINE DES TRANSACTIONS FINANCIÈRES, DE LA GOUVERNANCE NUMÉRIQUE ET AU-DELÀ.

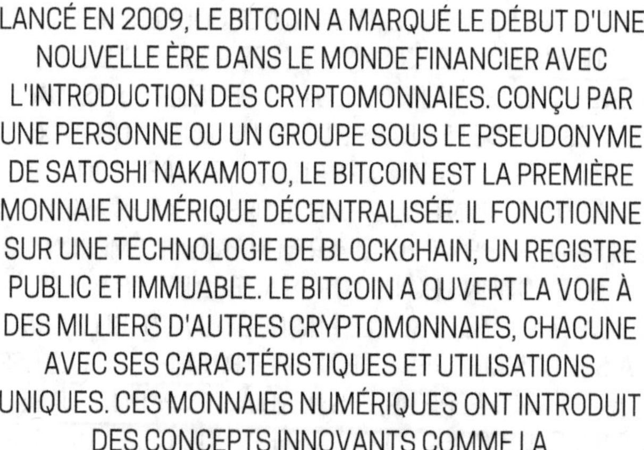

11

SWING TRADING

LE SWING TRADING EST UNE STRATÉGIE DE TRADING À COURT TERME VISANT À RÉALISER DES GAINS SUR LES FLUCTUATIONS DE PRIX SUR UNE PÉRIODE DE QUELQUES JOURS À PLUSIEURS SEMAINES. CONTRAIREMENT AU DAY TRADING, LES SWING TRADERS CONSERVENT LEURS POSITIONS OUVERTES SUR UNE DURÉE PLUS LONGUE POUR CAPTURER DES MOUVEMENTS DE PRIX SIGNIFICATIFS. CETTE STRATÉGIE NÉCESSITE UNE ANALYSE APPROFONDIE DES TENDANCES DU MARCHÉ ET DES MODÈLES DE PRIX POUR IDENTIFIER LES POINTS D'ENTRÉE ET DE SORTIE POTENTIELS. LES SWING TRADERS UTILISENT SOUVENT L'ANALYSE TECHNIQUE, EN SE CONCENTRANT SUR LES GRAPHIQUES ET LES INDICATEURS POUR PRÉVOIR LES MOUVEMENTS FUTURS DES PRIX. BIEN QUE MOINS INTENSIF QUE LE DAY TRADING, LE SWING TRADING DEMANDE PATIENCE, DISCIPLINE ET UNE BONNE COMPRÉHENSION DES RISQUES ET DE LA GESTION DU PORTEFEUILLE.

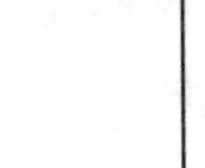

12

OPTIONS FINANCIÈRES

LES OPTIONS SONT DES INSTRUMENTS FINANCIERS QUI OFFRENT AUX TRADERS LE DROIT, MAIS PAS L'OBLIGATION, D'ACHETER OU DE VENDRE UN ACTIF À UN PRIX PRÉDÉTERMINÉ, À UNE DATE SPÉCIFIQUE OU AVANT. ELLES SONT CLASSÉES EN DEUX CATÉGORIES PRINCIPALES : LES OPTIONS D'ACHAT (CALL OPTIONS), QUI DONNENT LE DROIT D'ACHETER, ET LES OPTIONS DE VENTE (PUT OPTIONS), QUI DONNENT LE DROIT DE VENDRE. LES OPTIONS PERMETTENT AUX TRADERS DE SPÉCULER SUR LA DIRECTION FUTURE DES PRIX DES ACTIFS OU DE SE COUVRIR CONTRE LES FLUCTUATIONS DE PRIX. ELLES OFFRENT UNE FLEXIBILITÉ CONSIDÉRABLE ET PEUVENT ÊTRE UTILISÉES POUR GÉNÉRER DES REVENUS, GÉRER LE RISQUE ET TIRER PARTI DES MOUVEMENTS DE MARCHÉ AVEC UN INVESTISSEMENT INITIAL RELATIVEMENT FAIBLE. CEPENDANT, LE TRADING D'OPTIONS PEUT ÊTRE COMPLEXE ET RISQUÉ, NÉCESSITANT UNE COMPRÉHENSION APPROFONDIE DES MÉCANISMES DU MARCHÉ ET DES STRATÉGIES D'OPTIONS.

13

GESTION RISQUES

LA GESTION DU RISQUE EST UN ÉLÉMENT CRUCIAL DANS LE MONDE DU TRADING, ESSENTIELLE POUR MINIMISER LES PERTES POTENTIELLES. CETTE PRATIQUE IMPLIQUE L'IDENTIFICATION, L'ANALYSE ET LA PRISE DE MESURES POUR CONTRÔLER OU RÉDUIRE L'EXPOSITION AUX RISQUES FINANCIERS. LES STRATÉGIES COURANTES DE GESTION DU RISQUE INCLUENT LA DÉFINITION DE LIMITES DE PERTES (STOP-LOSS), LA DIVERSIFICATION DU PORTEFEUILLE, ET L'UTILISATION PRUDENTE DE L'EFFET DE LEVIER. LA GESTION EFFICACE DU RISQUE PERMET AUX TRADERS DE SURVIVRE DANS DES MARCHÉS VOLATILS ET INCERTAINS, EN PRÉSERVANT LEUR CAPITAL ET EN RÉDUISANT L'IMPACT DES TRADES DÉFAVORABLES. IGNORER LA GESTION DU RISQUE PEUT CONDUIRE À DES PERTES SUBSTANTIELLES, VOIRE À L'ÉPUISEMENT TOTAL DU CAPITAL DE TRADING. UNE BONNE GESTION DU RISQUE EST DONC LA PIERRE ANGULAIRE D'UNE STRATÉGIE DE TRADING DURABLE ET RÉUSSIE.

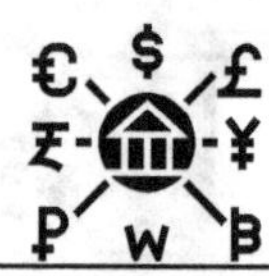

14

ANALYSE TECHNIQUE

L'ANALYSE TECHNIQUE EST UNE MÉTHODE UTILISÉE POUR PRÉDIRE LES MOUVEMENTS FUTURS DES PRIX SUR LES MARCHÉS FINANCIERS EN EXAMINANT LES DONNÉES HISTORIQUES DES PRIX ET DES VOLUMES. LES ANALYSTES TECHNIQUES UTILISENT DIVERS OUTILS TELS QUE LES GRAPHIQUES DE PRIX, LES TENDANCES, LES NIVEAUX DE SUPPORT ET DE RÉSISTANCE, ET UNE GAMME D'INDICATEURS TECHNIQUES COMME LES MOYENNES MOBILES ET LE RSI (RELATIVE STRENGTH INDEX). L'IDÉE SOUS-JACENTE EST QUE LES MODÈLES DE PRIX HISTORIQUES ONT TENDANCE À SE RÉPÉTER ET QUE L'ÉTUDE DE CES MODÈLES PEUT FOURNIR DES INDICES SUR LA DIRECTION FUTURE DES PRIX. L'ANALYSE TECHNIQUE EST LARGEMENT UTILISÉE PAR LES TRADERS POUR IDENTIFIER LES OPPORTUNITÉS DE TRADING À COURT TERME, BIEN QU'ELLE PUISSE ÊTRE COMBINÉE AVEC L'ANALYSE FONDAMENTALE POUR UNE APPROCHE PLUS COMPLÈTE.

15

ANALYSE FONDAMENTALE

L'ANALYSE FONDAMENTALE EST UNE MÉTHODE UTILISÉE POUR ÉVALUER LA VALEUR INTRINSÈQUE D'UN ACTIF EN EXAMINANT DES DONNÉES ÉCONOMIQUES, FINANCIÈRES ET AUTRES INDICATEURS PERTINENTS. CETTE APPROCHE IMPLIQUE L'ÉTUDE DE FACTEURS TELS QUE LES ÉTATS FINANCIERS D'UNE ENTREPRISE, SES PERSPECTIVES DE CROISSANCE, LA QUALITÉ DE SA GESTION, SON POSITIONNEMENT DANS L'INDUSTRIE, AINSI QUE L'ÉTAT DE L'ÉCONOMIE GLOBALE ET DES CONDITIONS SPÉCIFIQUES DU SECTEUR. POUR LES ACTIONS, PAR EXEMPLE, CELA PEUT INCLURE L'ANALYSE DU RATIO COURS/BÉNÉFICE, DES REVENUS, DE LA CROISSANCE DES BÉNÉFICES, ET DU RENDEMENT DES DIVIDENDES. L'OBJECTIF EST DE DÉTERMINER SI L'ACTIF EST SOUS-ÉVALUÉ OU SURÉVALUÉ PAR RAPPORT À SA VALEUR RÉELLE. LES INVESTISSEURS QUI UTILISENT L'ANALYSE FONDAMENTALE CHERCHENT GÉNÉRALEMENT DES OPPORTUNITÉS D'INVESTISSEMENT À LONG TERME, BASÉES SUR LA QUALITÉ ET LA PERFORMANCE SOUS-JACENTE DE L'ACTIF.

16

TRADING SUR MARGE

LE TRADING SUR MARGE EST UNE TECHNIQUE QUI PERMET AUX TRADERS D'EMPRUNTER DE L'ARGENT AUPRÈS DE LEUR COURTIER POUR AUGMENTER LEUR POUVOIR D'ACHAT SUR LE MARCHÉ. CETTE MÉTHODE DONNE AUX TRADERS LA POSSIBILITÉ DE PRENDRE DES POSITIONS PLUS IMPORTANTES QU'ILS NE LE POURRAIENT AVEC LEUR SEUL CAPITAL. PAR EXEMPLE, AVEC UN EFFET DE LEVIER DE 10:1, UN TRADER PEUT OUVRIR UNE POSITION DE 10 000 $ AVEC SEULEMENT 1 000 $ DE CAPITAL. BIEN QUE LE TRADING SUR MARGE PUISSE AMPLIFIER LES GAINS POTENTIELS, IL AUGMENTE ÉGALEMENT LE RISQUE. SI LE MARCHÉ ÉVOLUE CONTRE LA POSITION DU TRADER, LES PERTES PEUVENT RAPIDEMENT DÉPASSER LE CAPITAL INITIAL. EN RAISON DE SA NATURE RISQUÉE, LE TRADING SUR MARGE NÉCESSITE UNE COMPRÉHENSION CLAIRE DE LA GESTION DU RISQUE ET DE L'EFFET DE LEVIER.

17

CONTRATS FUTURES

LES "FUTURES" SONT DES CONTRATS À TERME STANDARDISÉS QUI OBLIGENT LES PARTIES À ACHETER OU VENDRE UN ACTIF À UN PRIX FIXÉ À UNE DATE FUTURE. ILS SONT COURAMMENT UTILISÉS POUR LES MATIÈRES PREMIÈRES, LES INDICES BOURSIERS, ET D'AUTRES INSTRUMENTS FINANCIERS. LES FUTURES PERMETTENT AUX TRADERS DE SPÉCULER SUR LA DIRECTION FUTURE DES PRIX OU DE SE COUVRIR CONTRE LES FLUCTUATIONS DE PRIX. PAR EXEMPLE, UN AGRICULTEUR POURRAIT UTILISER DES FUTURES POUR VERROUILLER UN PRIX DE VENTE POUR SA RÉCOLTE, TANDIS QU'UN INVESTISSEUR POURRAIT LES UTILISER POUR SPÉCULER SUR LES MOUVEMENTS FUTURS DES PRIX DU PÉTROLE. LES CONTRATS À TERME SONT NÉGOCIÉS SUR DES BOURSES RÉGLEMENTÉES ET NÉCESSITENT GÉNÉRALEMENT UN DÉPÔT INITIAL, APPELÉ "MARGE", QUI EST UNE FRACTION DE LA VALEUR TOTALE DU CONTRAT. LES FUTURES SONT UN OUTIL IMPORTANT POUR LA GESTION DU RISQUE ET LA PLANIFICATION FINANCIÈRE.

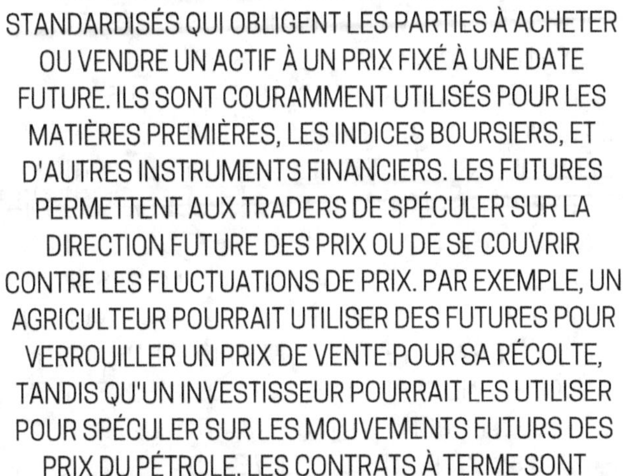

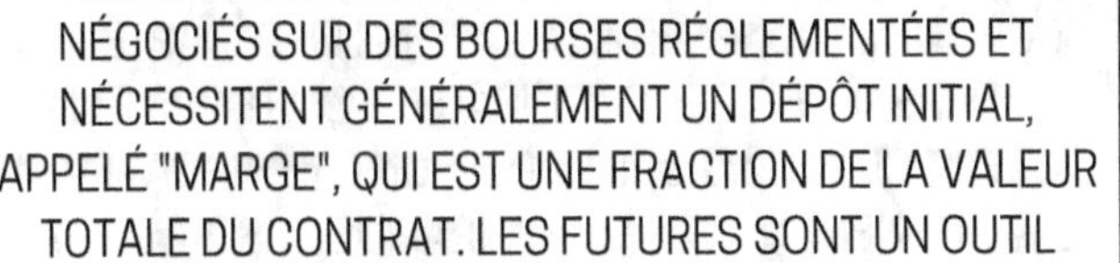
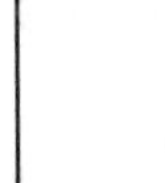

18

STRATÉGIE SCALPING

LE SCALPING EST UNE STRATÉGIE DE TRADING À TRÈS COURT TERME QUI VISE À RÉALISER DE PETITS PROFITS SUR UN GRAND NOMBRE DE TRANSACTIONS. LES SCALPERS ENTRENT ET SORTENT RAPIDEMENT DU MARCHÉ, SOUVENT EN QUELQUES MINUTES OU MÊME SECONDES, CHERCHANT À CAPTURER DE PETITS MOUVEMENTS DE PRIX. CETTE MÉTHODE REPOSE SUR UNE ANALYSE TECHNIQUE INTENSE ET L'UTILISATION D'OUTILS TELS QUE LES GRAPHIQUES EN TEMPS RÉEL ET LES INDICATEURS DE MARCHÉ. LE SCALPING EXIGE UNE CONCENTRATION ÉLEVÉE, UNE PRISE DE DÉCISION RAPIDE ET UNE GESTION EFFICACE DES ORDRES. BIEN QUE LES PROFITS PAR TRANSACTION SOIENT GÉNÉRALEMENT PETITS, ILS PEUVENT S'ACCUMULER AU COURS DE LA JOURNÉE. LE SCALPING EST ADAPTÉ AUX TRADERS QUI PEUVENT CONSACRER DU TEMPS ET DE L'ATTENTION AU MARCHÉ ET QUI SONT À L'AISE AVEC UN ENVIRONNEMENT DE TRADING RAPIDE ET STRESSANT.

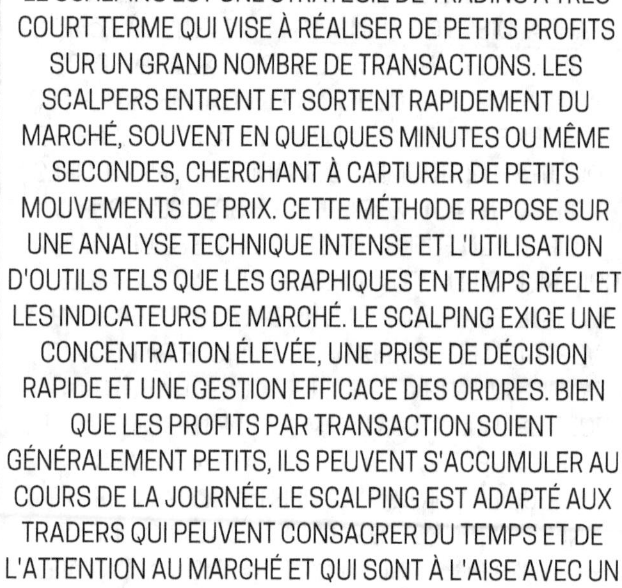

19

HAUTE FRÉQUENCE

LE TRADING HAUTE FRÉQUENCE (THF) EST UNE FORME DE TRADING QUI UTILISE DES ALGORITHMES AVANCÉS POUR EXÉCUTER DES ORDRES À DES VITESSES EXTRÊMEMENT RAPIDES, SOUVENT EN MILLISECONDES OU MICROSECONDES. LES TRADERS HAUTE FRÉQUENCE EXPLOITENT DES ÉCARTS DE PRIX MINIMES ET DES INEFFICACITÉS DU MARCHÉ POUR RÉALISER DES PROFITS. ILS UTILISENT DES ORDINATEURS PUISSANTS ET DES CONNEXIONS ULTRA-RAPIDES POUR ANALYSER DE GRANDES QUANTITÉS DE DONNÉES DE MARCHÉ EN TEMPS RÉEL ET EXÉCUTER DES TRANSACTIONS À DES VITESSES QUE LES TRADERS HUMAINS NE PEUVENT PAS ÉGALER. BIEN QUE CONTROVERSÉ, LE THF EST UN ACTEUR MAJEUR DES MARCHÉS FINANCIERS MODERNES, REPRÉSENTANT UNE PART SIGNIFICATIVE DU VOLUME DE TRADING SUR LES BOURSES. SES PARTISANS AFFIRMENT QU'IL AUGMENTE LA LIQUIDITÉ ET L'EFFICACITÉ DU MARCHÉ, TANDIS QUE LES CRITIQUES SOULIGNENT LES RISQUES DE STABILITÉ DU MARCHÉ ET D'AVANTAGE INJUSTE SUR LES INVESTISSEURS TRADITIONNELS.

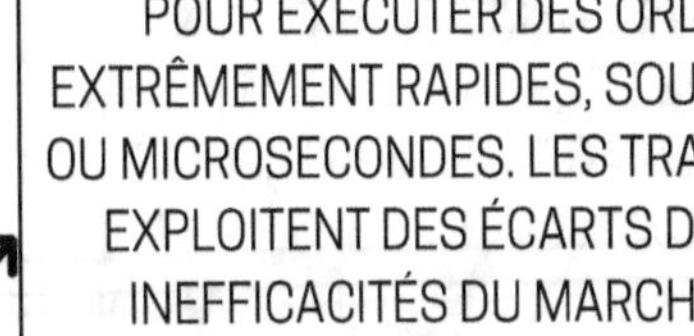
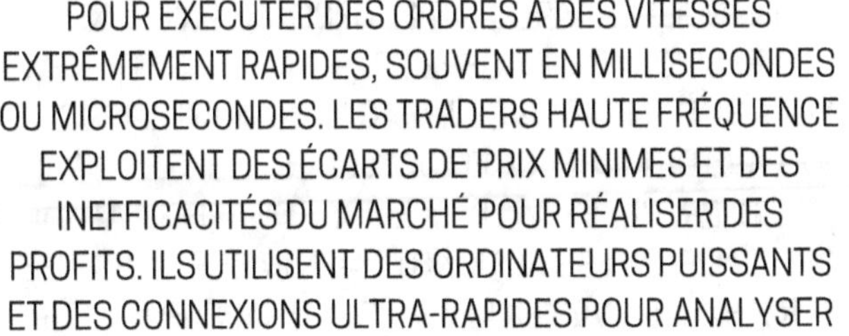

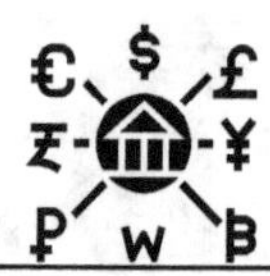

20

KRACH 1929

LE KRACH BOURSIER DE 1929 EST L'UN DES ÉVÉNEMENTS LES PLUS DRAMATIQUES DE L'HISTOIRE FINANCIÈRE, MARQUANT LE DÉBUT DE LA GRANDE DÉPRESSION. EN OCTOBRE 1929, LA BOURSE DE NEW YORK S'EST EFFONDRÉE, EFFAÇANT DES MILLIARDS DE DOLLARS DE RICHESSE EN QUELQUES JOURS. CE KRACH A ÉTÉ PRÉCÉDÉ PAR UNE PÉRIODE DE SPÉCULATION EFFRÉNÉE, OÙ LES ACTIONS ÉTAIENT ACHETÉES À DES PRIX EXCESSIVEMENT ÉLEVÉS PAR RAPPORT À LEUR VALEUR INTRINSÈQUE. L'EFFONDREMENT A ENTRAÎNÉ UNE PANIQUE MASSIVE PARMI LES INVESTISSEURS ET A EU UN EFFET DOMINO SUR L'ÉCONOMIE MONDIALE. LES BANQUES ONT FAIT FAILLITE, LES ENTREPRISES ONT FERMÉ, ET LE TAUX DE CHÔMAGE A GRIMPÉ EN FLÈCHE, PLONGEANT LE MONDE DANS UNE PROFONDE RÉCESSION ÉCONOMIQUE. CE KRACH A CONDUIT À DES RÉFORMES MAJEURES DANS LA RÉGLEMENTATION FINANCIÈRE ET A CHANGÉ LA MANIÈRE DONT LES GOUVERNEMENTS INTERAGISSENT AVEC L'ÉCONOMIE.

21

INDICATEURS ÉCONOMIQUES

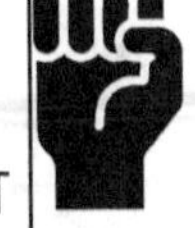

LES INDICATEURS ÉCONOMIQUES, TELS QUE LE PRODUIT
INTÉRIEUR BRUT (PIB) ET LE TAUX DE CHÔMAGE, JOUENT
UN RÔLE ESSENTIEL DANS LES MARCHÉS FINANCIERS,
CAR ILS FOURNISSENT DES INFORMATIONS CRUCIALES
SUR L'ÉTAT DE L'ÉCONOMIE. LE PIB, QUI MESURE LA
VALEUR TOTALE DES BIENS ET SERVICES PRODUITS
DANS UN PAYS, EST UN INDICATEUR CLÉ DE LA SANTÉ
ÉCONOMIQUE. UN PIB EN CROISSANCE SIGNALE UNE
ÉCONOMIE FORTE, CE QUI PEUT ENTRAÎNER UNE
HAUSSE DES MARCHÉS BOURSIERS, TANDIS QU'UN PIB
EN DÉCLIN INDIQUE UNE ÉCONOMIE FAIBLE ET PÉUT
ENTRAÎNER UNE BAISSE DU MARCHÉ. DE MÊME, LE TAUX
DE CHÔMAGE EST UN BAROMÈTRE IMPORTANT DE LA
SANTÉ DU MARCHÉ DU TRAVAIL; UN TAUX ÉLEVÉ PEUT
SIGNALER DES PROBLÈMES ÉCONOMIQUES ET
AFFECTER NÉGATIVEMENT LES MARCHÉS FINANCIERS.
LES INVESTISSEURS ET LES ANALYSTES SCRUTENT CES
INDICATEURS POUR FORMULER DES PRÉVISIONS SUR
LES TENDANCES FUTURES DU MARCHÉ ET AJUSTER
LEURS STRATÉGIES D'INVESTISSEMENT.

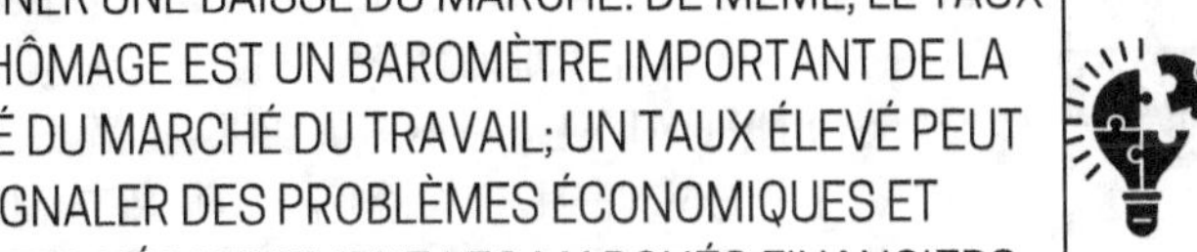

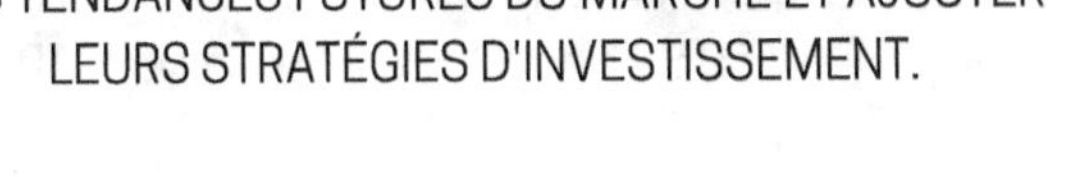

22

PSYCHOLOGIE TRADING

LA PSYCHOLOGIE DES TRADERS EST UN FACTEUR CLÉ INFLUENÇANT LES DÉCISIONS DE TRADING ET LA PERFORMANCE GLOBALE. LES ÉMOTIONS TELLES QUE LA PEUR, LA CUPIDITÉ, L'ESPOIR ET LE REGRET PEUVENT CONDUIRE À DES DÉCISIONS IRRATIONNELLES, TELLES QUE LA POURSUITE DE PERTES OU LA VENTE PRÉCIPITÉE D'ACTIFS RENTABLES. LA DISCIPLINE ET LE CONTRÔLE ÉMOTIONNEL SONT ESSENTIELS POUR RÉUSSIR DANS LE TRADING. LA CAPACITÉ À RESTER CALME ET À SUIVRE UN PLAN DE TRADING BIEN CONÇU, MÊME DANS DES CONDITIONS DE MARCHÉ VOLATILES, DISTINGUE SOUVENT LES TRADERS RÉUSSIS DES AUTRES. LA PSYCHOLOGIE DU TRADING COMPREND ÉGALEMENT LA COMPRÉHENSION DE LA PSYCHOLOGIE DE MASSE DES MARCHÉS, CAR LES MOUVEMENTS DE PRIX SONT SOUVENT INFLUENCÉS PAR LE SENTIMENT COLLECTIF DES PARTICIPANTS AU MARCHÉ. LES TRADERS DOIVENT DONC NON SEULEMENT GÉRER LEURS PROPRES ÉMOTIONS, MAIS AUSSI INTERPRÉTER ET RÉAGIR AUX COMPORTEMENTS ET AUX SENTIMENTS DU MARCHÉ.

23

PENNY STOCKS

LES "PENNY STOCKS" SONT DES ACTIONS QUI SE NÉGOCIENT À UN PRIX TRÈS BAS, GÉNÉRALEMENT EN DEHORS DES GRANDES BOURSES. CES ACTIONS SONT SOUVENT ÉVALUÉES À MOINS DE 5 DOLLARS PAR ACTION. BIEN QUE LEUR FAIBLE COÛT D'ENTRÉE ET LEUR POTENTIEL DE GAINS ÉLEVÉS PUISSENT ÊTRE ATTRAYANTS, ELLES SONT CONSIDÉRÉES COMME HAUTEMENT SPÉCULATIVES ET RISQUÉES. LES PENNY STOCKS SONT SOUVENT ASSOCIÉES À DES ENTREPRISES PLUS PETITES OU MOINS ÉTABLIES, CE QUI LES REND VULNÉRABLES À LA VOLATILITÉ DU MARCHÉ ET AUX FLUCTUATIONS DE PRIX. DE PLUS, CES ACTIONS SONT SOUVENT MOINS LIQUIDES ET PEUVENT ÊTRE SUJETTES À UNE MANIPULATION DE MARCHÉ ET À UNE FAIBLE TRANSPARENCE. LES INVESTISSEURS INTÉRESSÉS PAR LES PENNY STOCKS DOIVENT ÊTRE PRÊTS À EFFECTUER DES RECHERCHES APPROFONDIES ET À FAIRE PREUVE DE PRUDENCE, EN TENANT COMPTE DU RISQUE ÉLEVÉ ASSOCIÉ À CES INVESTISSEMENTS.

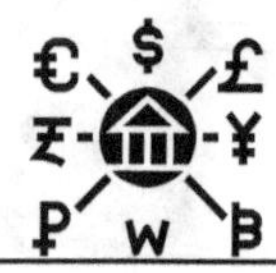

24

TRADING SOCIAL

LE TRADING SOCIAL EST UNE APPROCHE INNOVANTE QUI PERMET AUX TRADERS DE PARTAGER DES STRATÉGIES, DES IDÉES ET MÊME DE COPIER LES TRANSACTIONS D'AUTRES TRADERS. CETTE PRATIQUE S'APPUIE SUR DES PLATEFORMES EN LIGNE ET DES RÉSEAUX SOCIAUX OÙ LES TRADERS, DES DÉBUTANTS AUX EXPERTS, PEUVENT INTERAGIR, SUIVRE ET COPIER LES MOUVEMENTS DES TRADERS EXPÉRIMENTÉS. LE TRADING SOCIAL DÉMOCRATISE L'ACCÈS AUX STRATÉGIES DE TRADING ET AUX CONNAISSANCES, PERMETTANT AUX NOUVEAUX VENUS DE BÉNÉFICIER DE L'EXPÉRIENCE DES AUTRES. LES TRADERS PEUVENT ANALYSER LES PERFORMANCES ET LES STRATÉGIES DES PAIRS ET CHOISIR DE COPIER AUTOMATIQUEMENT LEURS TRANSACTIONS. CELA PEUT ÊTRE PARTICULIÈREMENT UTILE POUR CEUX QUI SONT NOUVEAUX DANS LE TRADING OU QUI N'ONT PAS LE TEMPS DE DÉVELOPPER LEURS PROPRES STRATÉGIES. CEPENDANT, IL EST IMPORTANT DE SE RAPPELER QUE LE TRADING SOCIAL COMPORTE DES RISQUES, CAR COPIER D'AUTRES TRADERS NE GARANTIT PAS LE SUCCÈS ET LES MARCHÉS FINANCIERS SONT INTRINSÈQUEMENT IMPRÉVISIBLES.

ETFS MARCHÉS

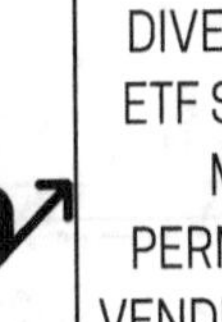

LES ETF, OU FONDS NÉGOCIÉS EN BOURSE, SONT DES PRODUITS D'INVESTISSEMENT QUI COMBINENT LA FLEXIBILITÉ DES ACTIONS INDIVIDUELLES AVEC LA DIVERSIFICATION DES FONDS D'INVESTISSEMENT. UN ETF SUIT GÉNÉRALEMENT UN INDICE SPÉCIFIQUE, UNE MATIÈRE PREMIÈRE, OU UN GROUPE D'ACTIFS, PERMETTANT AUX INVESTISSEURS D'ACHETER OU DE VENDRE DES PARTS DU FONDS SUR LES BOURSES, TOUT COMME ILS LE FERAIENT POUR DES ACTIONS. LES ETF OFFRENT UNE EXPOSITION À UN LARGE ÉVENTAIL DE SECTEURS OU DE MARCHÉS, RÉDUISANT AINSI LE RISQUE SPÉCIFIQUE À UNE SEULE ACTION OU UN SEUL SECTEUR. ILS SONT APPRÉCIÉS POUR LEUR FAIBLE COÛT, LEUR TRANSPARENCE, ET LEUR EFFICACITÉ FISCALE. LES ETF SONT UN CHOIX POPULAIRE POUR LES INVESTISSEURS QUI CHERCHENT À DIVERSIFIER LEUR PORTEFEUILLE, GÉRER EFFICACEMENT LEURS INVESTISSEMENTS, ET ACCÉDER FACILEMENT À DIFFÉRENTS MARCHÉS OU SECTEURS.

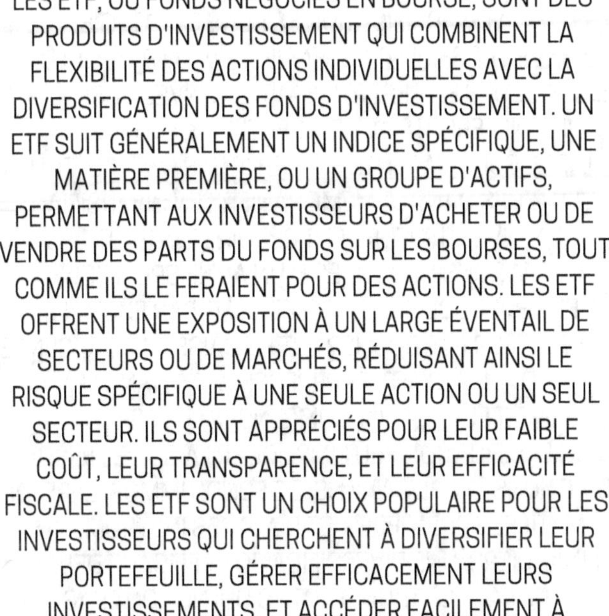

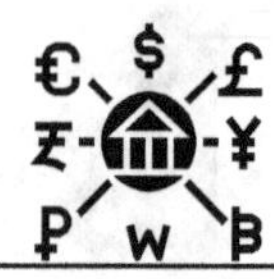

26

DIVERSIFICATION
PORTEFEUILLE

LA DIVERSIFICATION EST UNE STRATÉGIE D'INVESTISSEMENT ESSENTIELLE VISANT À RÉDUIRE LES RISQUES EN RÉPARTISSANT LES INVESTISSEMENTS SUR DIFFÉRENTS ACTIFS, SECTEURS, OU MARCHÉS. L'IDÉE SOUS-JACENTE EST DE NE PAS METTRE "TOUS SES ŒUFS DANS LE MÊME PANIER". EN DIVERSIFIANT, UN INVESTISSEUR PEUT RÉDUIRE L'IMPACT DES FLUCTUATIONS NÉGATIVES D'UN ACTIF SPÉCIFIQUE SUR L'ENSEMBLE DE SON PORTEFEUILLE. PAR EXEMPLE, SI UN SECTEUR PARTICULIER EST EN BAISSE, LA PRÉSENCE D'AUTRES ACTIFS PERFORMANTS DANS LE PORTEFEUILLE PEUT COMPENSER LES PERTES. LA DIVERSIFICATION PEUT IMPLIQUER LA COMBINAISON D'ACTIONS, D'OBLIGATIONS, DE FONDS IMMOBILIERS, DE MATIÈRES PREMIÈRES, ET D'AUTRES INSTRUMENTS FINANCIERS. UNE DIVERSIFICATION EFFICACE DÉPEND DE LA SÉLECTION D'ACTIFS QUI NE SONT PAS FORTEMENT CORRÉLÉS ENTRE EUX, CE QUI SIGNIFIE QUE LEURS PRIX NE SE DÉPLACENT PAS NÉCESSAIREMENT DANS LA MÊME DIRECTION AU MÊME MOMENT.

27

TITRES OBLIGATAIRES

LES OBLIGATIONS, OU "BONDS", SONT DES TITRES DE CRÉANCE ÉMIS PAR DES GOUVERNEMENTS, DES MUNICIPALITÉS, OU DES ENTREPRISES POUR FINANCER LEURS ACTIVITÉS. LORSQU'UN INVESTISSEUR ACHÈTE UNE OBLIGATION, IL PRÊTE DE L'ARGENT À L'ÉMETTEUR EN ÉCHANGE DE PAIEMENTS D'INTÉRÊTS RÉGULIERS ET DU REMBOURSEMENT DU PRINCIPAL À L'ÉCHÉANCE. LES OBLIGATIONS SONT SOUVENT CONSIDÉRÉES COMME MOINS RISQUÉES QUE LES ACTIONS, BIEN QUE LE NIVEAU DE RISQUE DÉPENDE DE LA SOLVABILITÉ DE L'ÉMETTEUR. LES OBLIGATIONS GOUVERNEMENTALES, TELLES QUE LES BONS DU TRÉSOR AMÉRICAINS, SONT GÉNÉRALEMENT CONSIDÉRÉES COMME DES INVESTISSEMENTS SÛRS, TANDIS QUE LES OBLIGATIONS D'ENTREPRISES PEUVENT OFFRIR DES RENDEMENTS PLUS ÉLEVÉS MAIS AVEC UN RISQUE ACCRU. LES OBLIGATIONS JOUENT UN RÔLE CRUCIAL DANS LA DIVERSIFICATION DES PORTEFEUILLES D'INVESTISSEMENT, OFFRANT UNE SOURCE DE REVENUS STABLE ET RÉDUISANT L'EXPOSITION GLOBALE AU RISQUE.

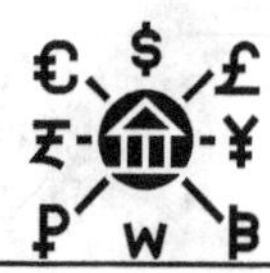

28

FOREX 24/7

LE MARCHÉ DES CHANGES, CONNU SOUS LE NOM DE FOREX, EST UNIQUE EN RAISON DE SON FONCTIONNEMENT CONTINU, 24 HEURES SUR 24, CINQ JOURS PAR SEMAINE. CE MARCHÉ GLOBAL PERMET L'ÉCHANGE DE DEVISES DANS LE MONDE ENTIER, AVEC DES CENTRES MAJEURS SITUÉS À LONDRES, NEW YORK, TOKYO, ZURICH, FRANCFORT, HONG KONG, SINGAPOUR, PARIS ET SYDNEY. SA NATURE CONTINUE EST DUE AU CHEVAUCHEMENT DES FUSEAUX HORAIRES ET À L'ABSENCE D'UN EMPLACEMENT CENTRALISÉ. CELA OFFRE UNE GRANDE FLEXIBILITÉ AUX TRADERS, LEUR PERMETTANT DE RÉAGIR IMMÉDIATEMENT AUX ÉVÉNEMENTS MONDIAUX ET AUX NOUVELLES ÉCONOMIQUES, INDÉPENDAMMENT DE L'HEURE. LE FOREX EST PARTICULIÈREMENT POPULAIRE PARMI LES TRADERS QUI PRÉFÈRENT LE DAY TRADING OU D'AUTRES STRATÉGIES À COURT TERME, CAR LE MARCHÉ OFFRE DE NOMBREUSES OPPORTUNITÉS DE TRADING EN RAISON DE SA GRANDE LIQUIDITÉ ET DE SA VOLATILITÉ.

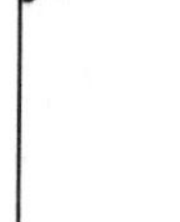

29

CARRY TRADE

LE "CARRY TRADE" EST UNE STRATÉGIE DE TRADING DE DEVISES QUI IMPLIQUE D'EMPRUNTER DANS UNE DEVISE AVEC UN FAIBLE TAUX D'INTÉRÊT ET D'INVESTIR DANS UNE AUTRE DEVISE OFFRANT UN TAUX D'INTÉRÊT PLUS ÉLEVÉ. CETTE STRATÉGIE VISE À TIRER PROFIT DE LA DIFFÉRENCE DES TAUX D'INTÉRÊT ENTRE LES DEUX DEVISES. PAR EXEMPLE, UN TRADER POURRAIT EMPRUNTER EN YEN JAPONAIS, QUI A TRADITIONNELLEMENT UN FAIBLE TAUX D'INTÉRÊT, ET INVESTIR DANS DES DOLLARS AUSTRALIENS, QUI PEUVENT OFFRIR UN TAUX D'INTÉRÊT PLUS ÉLEVÉ. LE PROFIT PROVIENT DE LA DIFFÉRENCE ENTRE LES TAUX PAYÉS ET PERÇUS. CEPENDANT, LE CARRY TRADE COMPORTE DES RISQUES, NOTAMMENT LE RISQUE DE CHANGE SI LA DEVISE EMPRUNTÉE S'APPRÉCIE PAR RAPPORT À LA DEVISE INVESTIE. CETTE STRATÉGIE EST SOUVENT UTILISÉE PAR DES TRADERS EXPÉRIMENTÉS QUI COMPRENNENT BIEN LES DYNAMIQUES DU MARCHÉ DES CHANGES ET LES FACTEURS AFFECTANT LES TAUX DE CHANGE.

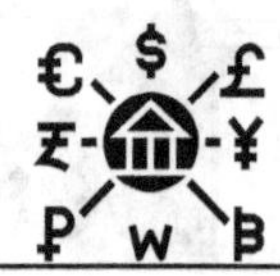

30

STRATÉGIE HEDGING

LE "HEDGING", OU COUVERTURE, EST UNE TECHNIQUE DE GESTION DU RISQUE UTILISÉE DANS LE TRADING POUR SE PROTÉGER CONTRE LES PERTES POTENTIELLES. CETTE STRATÉGIE IMPLIQUE LA PRISE D'UNE POSITION DANS UN INSTRUMENT FINANCIER QUI EST SUSCEPTIBLE DE SE DÉPLACER DANS LA DIRECTION OPPOSÉE DE L'INVESTISSEMENT PRINCIPAL. L'OBJECTIF EST DE RÉDUIRE LES PERTES POTENTIELLES CAUSÉES PAR DES MOUVEMENTS DE MARCHÉ DÉFAVORABLES. PAR EXEMPLE, UN PRODUCTEUR DE PÉTROLE PEUT UTILISER DES CONTRATS À TERME POUR SE COUVRIR CONTRE LA BAISSE DES PRIX DU PÉTROLE. DE MÊME, UN INVESTISSEUR DÉTENANT DES ACTIONS PEUT UTILISER DES OPTIONS POUR SE PROTÉGER CONTRE UNE BAISSE POTENTIELLE DU MARCHÉ. BIEN QUE LE HEDGING PUISSE RÉDUIRE LES PERTES, IL PEUT ÉGALEMENT LIMITER LES GAINS POTENTIELS. IL EST DONC IMPORTANT DE TROUVER UN ÉQUILIBRE ENTRE LA RÉDUCTION DES RISQUES ET LA RÉALISATION DE PROFITS. LE HEDGING EST SOUVENT UTILISÉ PAR LES INVESTISSEURS INSTITUTIONNELS ET LES ENTREPRISES, MAIS IL EST ÉGALEMENT ACCESSIBLE AUX TRADERS INDIVIDUELS.

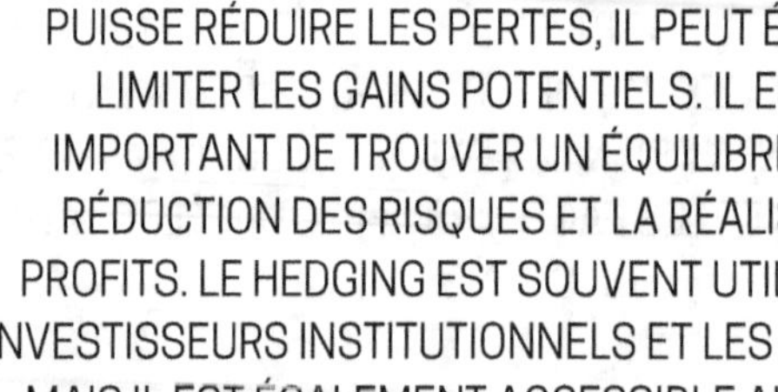

31

COMMODITIES TRADING

LES "COMMODITIES", OU MATIÈRES PREMIÈRES, SONT DES PRODUITS DE BASE ÉCHANGEABLES AYANT DES CARACTÉRISTIQUES STANDARDISÉES, UTILISÉS DANS LE COMMERCE. CES PRODUITS INCLUENT DES RESSOURCES NATURELLES COMME L'OR, LE PÉTROLE, ET DES PRODUITS AGRICOLES COMME LE CAFÉ. CHAQUE COMMODITY A SES PROPRES CARACTÉRISTIQUES ET FACTEURS DE MARCHÉ. PAR EXEMPLE, L'OR EST SOUVENT CONSIDÉRÉ COMME UNE VALEUR REFUGE EN TEMPS DE CRISE ÉCONOMIQUE OU DE FORTE INFLATION. LE PÉTROLE, EN TANT QUE SOURCE D'ÉNERGIE PRIMAIRE, EST TRÈS SENSIBLE AUX CHANGEMENTS POLITIQUES ET ÉCONOMIQUES MONDIAUX. LE CAFÉ, EN TANT QUE PRODUIT AGRICOLE, EST INFLUENCÉ PAR DES FACTEURS TELS QUE LES CONDITIONS CLIMATIQUES ET LES CHANGEMENTS DANS LES HABITUDES DE CONSOMMATION. LE TRADING DE COMMODITIES PEUT ÊTRE EFFECTUÉ DIRECTEMENT SUR LES MARCHÉS PHYSIQUES OU PAR LE BIAIS DE PRODUITS FINANCIERS COMME LES FUTURES, LES OPTIONS, ET LES ETF. LES INVESTISSEMENTS DANS LES COMMODITIES SONT SOUVENT UTILISÉS POUR LA DIVERSIFICATION DU PORTEFEUILLE ET LA COUVERTURE CONTRE L'INFLATION.

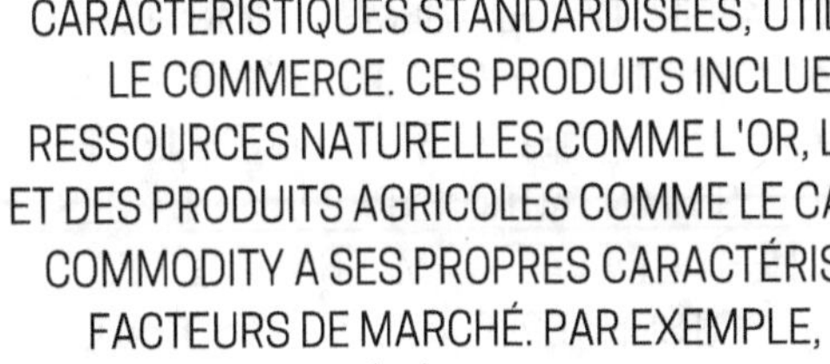

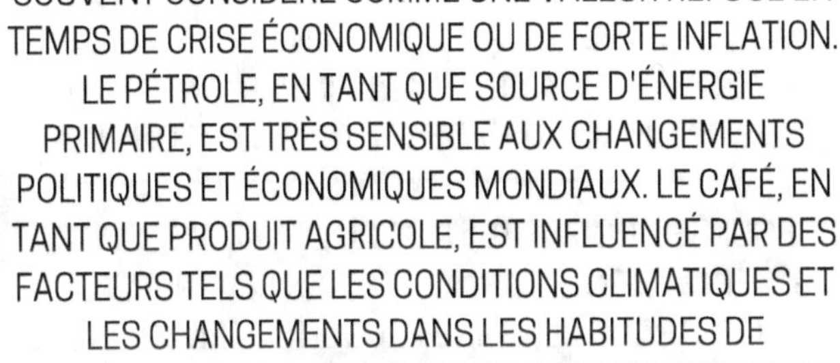

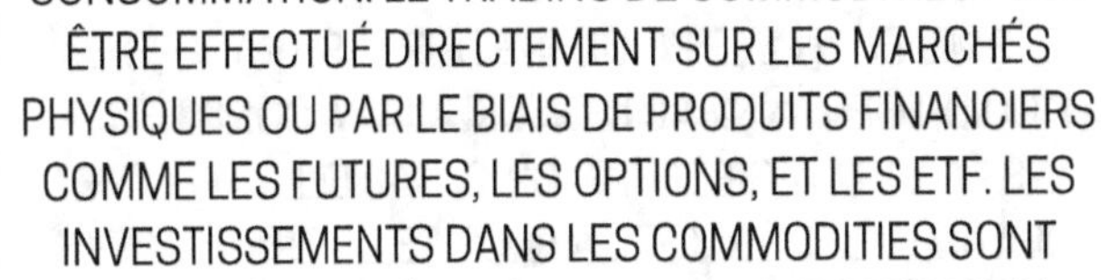

32

LIQUIDITÉ MARCHÉS

LA LIQUIDITÉ D'UN MARCHÉ SE RÉFÈRE À LA FACILITÉ AVEC LAQUELLE UN ACTIF PEUT ÊTRE ACHETÉ OU VENDU SANS CAUSER DE CHANGEMENT SIGNIFICATIF DANS SON PRIX. UN MARCHÉ À HAUTE LIQUIDITÉ A UN GRAND NOMBRE D'ACHETEURS ET DE VENDEURS, CE QUI FACILITE LES TRANSACTIONS RAPIDES ET À DES PRIX PROCHES DE LA VALEUR MARCHANDE. LES MARCHÉS LIQUIDES SONT PRÉFÉRÉS PAR LES TRADERS CAR ILS PERMETTENT UNE ENTRÉE ET UNE SORTIE RAPIDES DES POSITIONS, RÉDUISANT AINSI LE RISQUE DE PERTES DUES À DES ÉCARTS IMPORTANTS ENTRE LES PRIX D'ACHAT ET DE VENTE. LES ACTIONS DE GRANDES ENTREPRISES COTÉES SUR DE GRANDES BOURSES, COMME LE NYSE OU LE NASDAQ, SONT GÉNÉRALEMENT TRÈS LIQUIDES. EN REVANCHE, LES MARCHÉS POUR CERTAINS PRODUITS DÉRIVÉS OU LES PENNY STOCKS PEUVENT AVOIR UNE LIQUIDITÉ LIMITÉE, AUGMENTANT LES RISQUES POUR LES TRADERS. LA LIQUIDITÉ EST UN FACTEUR CRUCIAL À CONSIDÉRER DANS LA STRATÉGIE DE TRADING, CAR ELLE AFFECTE LA VOLATILITÉ DES PRIX ET LA FACILITÉ DE TRANSACTION.

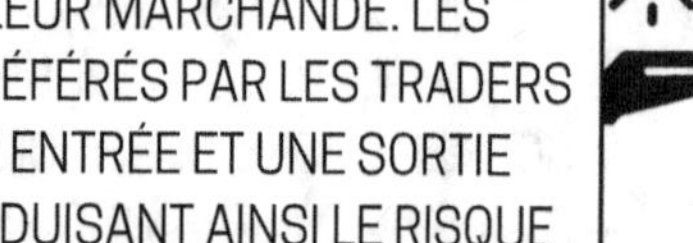

RATIO SHARPE

LE RATIO SHARPE EST UN INDICATEUR UTILISÉ POUR MESURER LA PERFORMANCE AJUSTÉE AU RISQUE D'UN INVESTISSEMENT. DÉVELOPPÉ PAR L'ÉCONOMISTE WILLIAM F. SHARPE, CE RATIO AIDE À COMPRENDRE LA RENTABILITÉ D'UN INVESTISSEMENT PAR RAPPORT À SON RISQUE. LE CALCUL DU RATIO SHARPE IMPLIQUE DE SOUSTRAIRE LE TAUX DE RENDEMENT SANS RISQUE (COMME LE TAUX D'UN BON DU TRÉSOR) DU TAUX DE RENDEMENT DE L'INVESTISSEMENT, PUIS DE DIVISER LE RÉSULTAT PAR L'ÉCART-TYPE DES RENDEMENTS DE L'INVESTISSEMENT. UN RATIO SHARPE ÉLEVÉ INDIQUE QU'UN INVESTISSEMENT OFFRE UN BON RETOUR POUR LE NIVEAU DE RISQUE PRIS, TANDIS QU'UN RATIO FAIBLE PEUT INDIQUER UN RENDEMENT INSUFFISANT POUR LE RISQUE ENCOURU. CE RATIO EST PARTICULIÈREMENT UTILE POUR COMPARER LA PERFORMANCE DE DIFFÉRENTS INVESTISSEMENTS OU FONDS D'INVESTISSEMENT. CEPENDANT, IL EST IMPORTANT DE NOTER QUE LE RATIO SHARPE NE MESURE QUE LE RISQUE DE VOLATILITÉ, ET NE PREND PAS EN COMPTE D'AUTRES TYPES DE RISQUES.

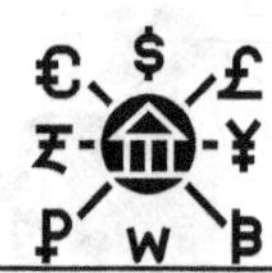

34

ORDRES STOP LOSS

LES "STOP LOSS" SONT DES ORDRES AUTOMATIQUES UTILISÉS PAR LES TRADERS POUR LIMITER LES PERTES POTENTIELLES SUR UN INVESTISSEMENT. LORSQU'UN TRADER PLACE UN ORDRE STOP LOSS, IL SPÉCIFIE UN PRIX AUQUEL L'ACTIF DOIT ÊTRE VENDU SI SON PRIX CHUTE À CE NIVEAU OU EN DESSOUS. CELA PERMET DE CONTRÔLER LES PERTES EN CAS DE MOUVEMENT DE MARCHÉ DÉFAVORABLE. PAR EXEMPLE, SI UN TRADER ACHÈTE UNE ACTION À 100 $ ET PLACE UN ORDRE STOP LOSS À 90 $, L'ACTION SERA AUTOMATIQUEMENT VENDUE SI SON PRIX TOMBE À 90 $, LIMITANT AINSI LA PERTE À 10 $ PAR ACTION. LES ORDRES STOP LOSS SONT ESSENTIELS POUR UNE GESTION DE RISQUE EFFICACE, CAR ILS AIDENT LES TRADERS À PRÉVENIR DES PERTES SIGNIFICATIVES, SURTOUT DANS DES MARCHÉS VOLATILS. CEPENDANT, IL EST IMPORTANT DE DÉFINIR DES SEUILS DE STOP LOSS JUDICIEUSEMENT POUR ÉVITER DE VENDRE PRÉMATURÉMENT EN CAS DE FLUCTUATIONS MINEURES DES PRIX.

35

MARKET TIMING

LE "MARKET TIMING" EST UNE STRATÉGIE DE TRADING QUI CONSISTE À ESSAYER DE PRÉDIRE LES HAUTS ET LES BAS DU MARCHÉ POUR ACHETER ET VENDRE DES ACTIFS EN CONSÉQUENCE. CETTE APPROCHE REPOSE SUR L'HYPOTHÈSE QU'UN TRADER PEUT IDENTIFIER CORRECTEMENT LE MEILLEUR MOMENT POUR ENTRER OU SORTIR DU MARCHÉ. LE MARKET TIMING IMPLIQUE SOUVENT L'ANALYSE DES TENDANCES ÉCONOMIQUES, DES INDICATEURS DE MARCHÉ ET DES ÉVÉNEMENTS GÉOPOLITIQUES POUR PRENDRE DES DÉCISIONS DE TRADING. BIEN QUE POTENTIELLEMENT RENTABLE, LE MARKET TIMING EST GÉNÉRALEMENT CONSIDÉRÉ COMME RISQUÉ ET DIFFICILE À RÉALISER AVEC SUCCÈS. LES MARCHÉS FINANCIERS SONT INFLUENCÉS PAR UNE MULTITUDE DE FACTEURS IMPRÉVISIBLES, RENDANT LA PRÉDICTION EXACTE DES MOUVEMENTS DU MARCHÉ EXTRÊMEMENT COMPLEXE. LA PLUPART DES EXPERTS FINANCIERS RECOMMANDENT UNE APPROCHE DE TRADING PLUS DISCIPLINÉE ET À LONG TERME PLUTÔT QUE DE TENTER DE CHRONOMÉTRER LE MARCHÉ.

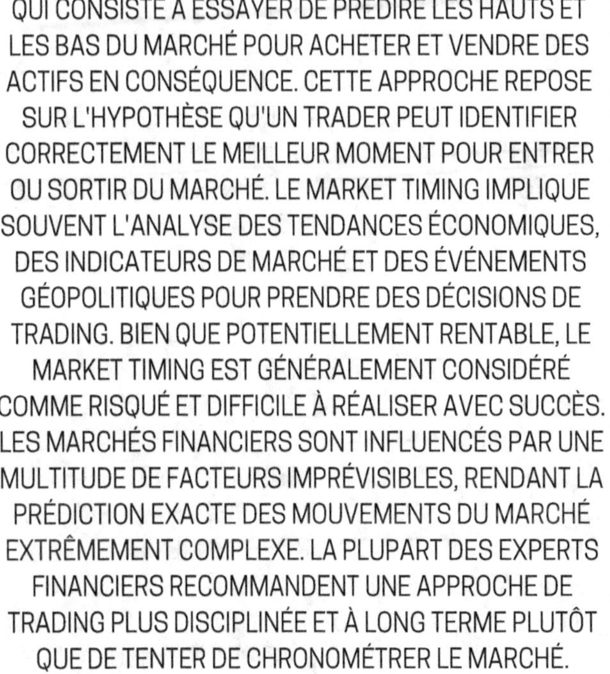

ACTIONS BLUE CHIPS

LES "BLUE CHIPS" SONT DES ACTIONS ÉMISES PAR DES ENTREPRISES BIEN ÉTABLIES, FINANCIÈREMENT SOLIDES ET GÉNÉRALEMENT LEADERS DANS LEURS SECTEURS. LE TERME "BLUE CHIP" VIENT DU POKER, OÙ LES JETONS BLEUS ONT LA PLUS GRANDE VALEUR. CES ENTREPRISES ONT SOUVENT UNE LONGUE HISTOIRE DE PERFORMANCE STABLE, UNE BONNE RÉPUTATION ET SONT CONNUES POUR LEUR CAPACITÉ À GÉNÉRER DES REVENUS ET DES DIVIDENDES CONSTANTS, MÊME EN PÉRIODES ÉCONOMIQUES DIFFICILES. LES ACTIONS BLUE CHIP SONT GÉNÉRALEMENT CONSIDÉRÉES COMME DES INVESTISSEMENTS PLUS SÛRS PAR RAPPORT AUX ACTIONS DE PETITES ENTREPRISES OU À HAUT RISQUE. ELLES SONT PRIVILÉGIÉES PAR LES INVESTISSEURS QUI CHERCHENT À CONSTRUIRE UN PORTEFEUILLE SOLIDE AVEC UN RISQUE MODÉRÉ. BIEN QU'ELLES PUISSENT OFFRIR DES RENDEMENTS MOINS SPECTACULAIRES QUE LES ACTIONS À CROISSANCE RAPIDE OU LES START-UPS, LES BLUE CHIPS OFFRENT UNE STABILITÉ ET UNE PRÉVISIBILITÉ RASSURANTES POUR LES INVESTISSEURS À LONG TERME.

37

PAIR TRADING

LE "PAIR TRADING" EST UNE STRATÉGIE DE TRADING QUI IMPLIQUE DE PRENDRE SIMULTANÉMENT UNE POSITION LONGUE (ACHAT) SUR UN ACTIF ET UNE POSITION COURTE (VENTE) SUR UN AUTRE ACTIF CORRÉLÉ. L'OBJECTIF EST DE PROFITER DE L'ÉCART DE PERFORMANCE RELATIF ENTRE LES DEUX ACTIFS. CETTE MÉTHODE EST BASÉE SUR L'HYPOTHÈSE QUE SI LES DEUX ACTIFS SONT HISTORIQUEMENT CORRÉLÉS, TOUTE DIVERGENCE DANS LEUR PERFORMANCE SERAIT TEMPORAIRE. PAR EXEMPLE, UN TRADER PEUT ACHETER UNE ACTION D'UNE ENTREPRISE ET VENDRE À DÉCOUVERT UNE ACTION D'UNE AUTRE ENTREPRISE DU MÊME SECTEUR. LE PAIR TRADING EST SOUVENT CONSIDÉRÉ COMME UNE STRATÉGIE DE MARCHÉ NEUTRE, CAR LE GAIN OU LA PERTE DÉPEND DE LA DIFFÉRENCE RELATIVE DE MOUVEMENT ENTRE LES DEUX ACTIFS, PLUTÔT QUE DE LA DIRECTION GÉNÉRALE DU MARCHÉ. CETTE APPROCHE PEUT AIDER À MINIMISER LE RISQUE DANS DES CONDITIONS DE MARCHÉ VOLATILES, MAIS ELLE NÉCESSITE UNE ANALYSE MINUTIEUSE POUR IDENTIFIER LES PAIRES APPROPRIÉES ET GÉRER EFFICACEMENT LE TRADE.

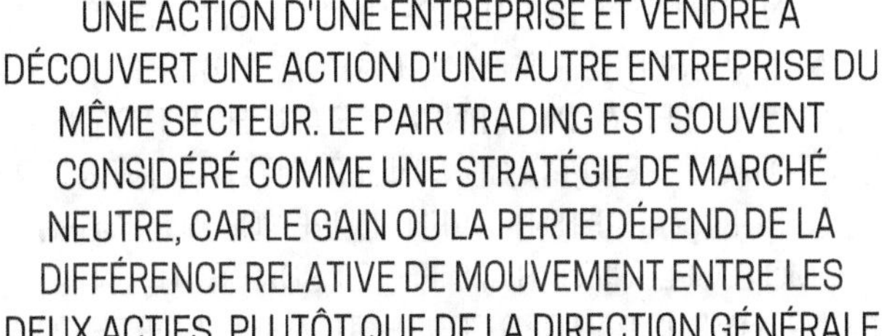

 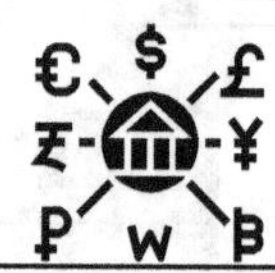  

38

BULL MARKETS

LES "BULL MARKETS" SONT DES PÉRIODES CARACTÉRISÉES PAR UNE AUGMENTATION RÉGULIÈRE DES PRIX DES ACTIFS SUR LES MARCHÉS FINANCIERS. LE TERME "BULL" (TAUREAU EN ANGLAIS) EST SOUVENT UTILISÉ POUR DÉCRIRE UN MARCHÉ EN HAUSSE EN RAISON DE LA MANIÈRE DONT UN TAUREAU ATTAQUE (AVEC SES CORNES DIRIGÉES VERS LE HAUT), SYMBOLISANT LA MONTÉE DES PRIX. UN MARCHÉ HAUSSIER EST GÉNÉRALEMENT ASSOCIÉ À UNE ÉCONOMIE EN CROISSANCE, UNE FAIBLE INFLATION ET UN FORT SENTIMENT D'OPTIMISME PARMI LES INVESTISSEURS. PENDANT UN BULL MARKET, LES INVESTISSEURS ONT TENDANCE À ACHETER DANS L'ESPOIR QUE LES PRIX CONTINUERONT D'AUGMENTER. LES BULL MARKETS PEUVENT DURER DE QUELQUES MOIS À PLUSIEURS ANNÉES ET SONT SOUVENT INTERROMPUS PAR DES CORRECTIONS DE MARCHÉ OU DES AJUSTEMENTS DE PRIX. BIEN QU'ATTRAYANTS POUR LES INVESTISSEURS, LES BULL MARKETS NÉCESSITENT UNE APPROCHE PRUDENTE, CAR L'EXCÈS D'OPTIMISME PEUT PARFOIS MENER À DES ÉVALUATIONS SURÉLEVÉES.

    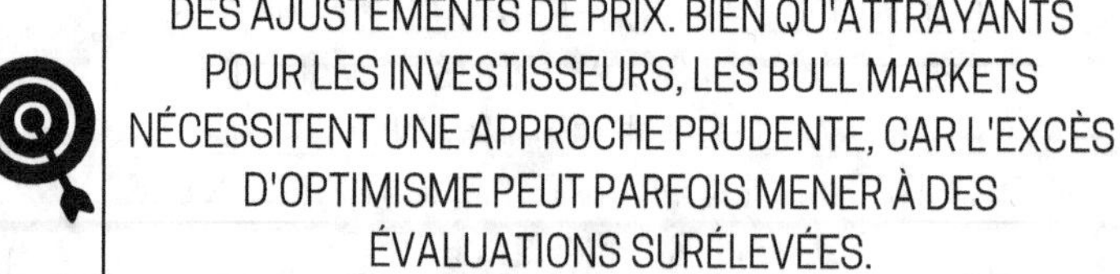 

39

BEAR MARKETS

LES "BEAR MARKETS" REPRÉSENTENT DES PÉRIODES OÙ LES PRIX DES ACTIFS SUR LES MARCHÉS FINANCIERS DIMINUENT RÉGULIÈREMENT. LE TERME "BEAR" (OURS EN ANGLAIS) EST UTILISÉ POUR DÉCRIRE UN MARCHÉ EN BAISSE, INSPIRÉ DE LA FAÇON DONT UN OURS ATTAQUE (EN BALAYANT VERS LE BAS), SYMBOLISANT LA CHUTE DES PRIX. UN MARCHÉ BAISSIER EST SOUVENT DÉCLENCHÉ PAR DES FACTEURS ÉCONOMIQUES TELS QU'UNE RÉCESSION, UNE HAUSSE DU CHÔMAGE OU UNE BAISSE DES BÉNÉFICES DES ENTREPRISES. LES BEAR MARKETS SE CARACTÉRISENT PAR UN SENTIMENT NÉGATIF PARMI LES INVESTISSEURS ET UNE APPROCHE PRUDENTE OU PESSIMISTE ENVERS LES INVESTISSEMENTS. ILS PEUVENT DURER DE QUELQUES SEMAINES À PLUSIEURS ANNÉES ET PEUVENT OFFRIR DES OPPORTUNITÉS D'ACHAT À BAS PRIX POUR LES INVESTISSEURS À LONG TERME. NÉANMOINS, NAVIGUER DANS UN BEAR MARKET EXIGE UNE ANALYSE RIGOUREUSE ET UNE BONNE COMPRÉHENSION DU TIMING DU MARCHÉ, CAR LES INVESTISSEMENTS PEUVENT CONTINUER À PERDRE DE LA VALEUR AVANT TOUTE REPRISE.

40

VOLATILITÉ MARCHÉS

LA "VOLATILITÉ" DANS LE MONDE FINANCIER DÉSIGNE L'AMPLEUR DES FLUCTUATIONS DE PRIX D'UN ACTIF SUR UNE PÉRIODE DONNÉE. ELLE EST SOUVENT CONSIDÉRÉE COMME UN INDICATEUR DU RISQUE ASSOCIÉ À UN INVESTISSEMENT. UNE VOLATILITÉ ÉLEVÉE SIGNIFIE QUE LE PRIX DE L'ACTIF PEUT CHANGER RAPIDEMENT DANS UNE COURTE PÉRIODE, INDIQUANT UN POTENTIEL DE GAIN OU DE PERTE PLUS IMPORTANT. À L'INVERSE, UNE FAIBLE VOLATILITÉ INDIQUE QUE LES PRIX DE L'ACTIF SONT RELATIVEMENT STABLES. LA VOLATILITÉ EST PARTICULIÈREMENT SURVEILLÉE DANS LES MARCHÉS D'ACTIONS, DE DEVISES, ET DE MATIÈRES PREMIÈRES. ELLE PEUT ÊTRE INFLUENCÉE PAR DES FACTEURS TELS QUE LES ÉVÉNEMENTS ÉCONOMIQUES, LES ANNONCES POLITIQUES, LES CATASTROPHES NATURELLES, ET LES CHANGEMENTS DANS LES CONDITIONS DE MARCHÉ. LES TRADERS UTILISENT DIVERS OUTILS, COMME L'INDICE VIX, POUR MESURER LA VOLATILITÉ ET ADAPTER LEURS STRATÉGIES DE TRADING EN CONSÉQUENCE.

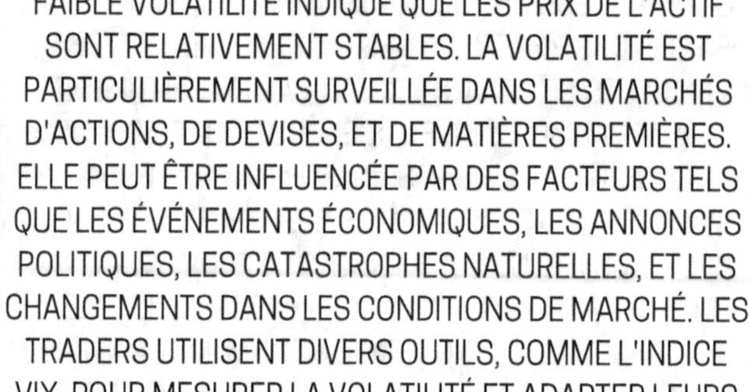

41

VALUE INVESTING

LE "VALUE INVESTING" EST UNE STRATÉGIE D'INVESTISSEMENT QUI IMPLIQUE LA SÉLECTION D'ACTIONS QUI SEMBLENT ÊTRE SOUS-ÉVALUÉES PAR LE MARCHÉ. CETTE APPROCHE EST BASÉE SUR L'IDÉE QUE CERTAINS ACTIFS SONT VENDUS À UN PRIX INFÉRIEUR À LEUR VÉRITABLE VALEUR INTRINSÈQUE. LES INVESTISSEURS ADEPTES DU VALUE INVESTING RECHERCHENT DES ENTREPRISES SOLIDES AVEC DE BONS FONDAMENTAUX - COMME DES RATIOS PRIX/BÉNÉFICE FAIBLES, DE SOLIDES BILANS, ET DES FLUX DE TRÉSORERIE STABLES - MAIS DONT LES ACTIONS SE NÉGOCIENT À UN PRIX INFÉRIEUR À CE QU'ILS ESTIMENT ÊTRE JUSTE. L'OBJECTIF EST D'ACHETER CES ACTIONS À UN PRIX RÉDUIT ET DE LES CONSERVER JUSQU'À CE QUE LEUR PRIX REFLÈTE LEUR VÉRITABLE VALEUR, RÉALISANT AINSI UN PROFIT. CETTE MÉTHODE, POPULARISÉE PAR DES INVESTISSEURS COMME BENJAMIN GRAHAM ET WARREN BUFFETT, NÉCESSITE UNE RECHERCHE APPROFONDIE ET UNE BONNE COMPRÉHENSION DES FONDAMENTAUX DES ENTREPRISES. ELLE EST SOUVENT CONTRASTÉE AVEC L'INVESTISSEMENT EN CROISSANCE, QUI SE CONCENTRE SUR LES ENTREPRISES AYANT UN POTENTIEL DE CROISSANCE ÉLEVÉ, INDÉPENDAMMENT DE LEUR ÉVALUATION ACTUELLE.

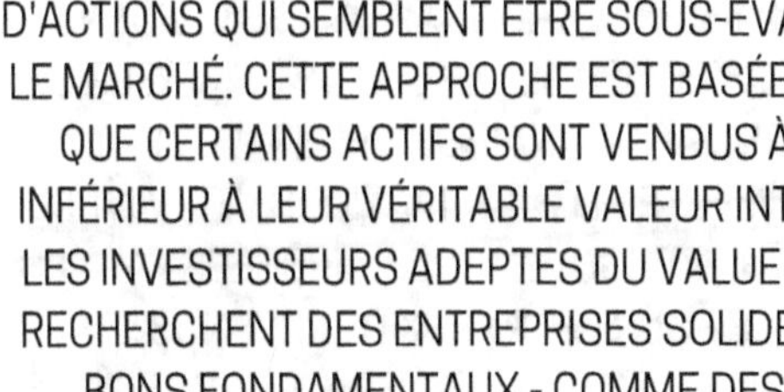

42

DIVIDEND STOCKS

LES "DIVIDEND STOCKS" SONT DES ACTIONS D'ENTREPRISES QUI PAIENT RÉGULIÈREMENT DES DIVIDENDES À LEURS ACTIONNAIRES. LES DIVIDENDES SONT UNE PARTIE DES BÉNÉFICES DE L'ENTREPRISE DISTRIBUÉE AUX ACTIONNAIRES, GÉNÉRALEMENT SUR UNE BASE TRIMESTRIELLE. LES ACTIONS VERSANT DES DIVIDENDES SONT SOUVENT RECHERCHÉES PAR LES INVESTISSEURS POUR LEUR FLUX DE REVENUS STABLE ET PRÉVISIBLE. ELLES SONT GÉNÉRALEMENT ÉMISES PAR DES ENTREPRISES BIEN ÉTABLIES ET FINANCIÈREMENT STABLES, QUI GÉNÈRENT DES BÉNÉFICES RÉGULIERS SUFFISANTS POUR PAYER DES DIVIDENDES. LES DIVIDEND STOCKS PEUVENT OFFRIR UN DOUBLE AVANTAGE : LE POTENTIEL DE GAIN EN CAPITAL SI LE PRIX DE L'ACTION AUGMENTE, ET LE REVENU RÉGULIER DES DIVIDENDES. ELLES SONT PARTICULIÈREMENT ATTRAYANTES POUR LES INVESTISSEURS À LONG TERME ET CEUX QUI RECHERCHENT DES REVENUS PASSIFS. CEPENDANT, IL EST IMPORTANT DE NOTER QUE LES PAIEMENTS DE DIVIDENDES NE SONT PAS GARANTIS ET PEUVENT ÊTRE MODIFIÉS OU SUSPENDUS PAR L'ENTREPRISE EN FONCTION DE SA PERFORMANCE FINANCIÈRE OU DE SES BESOINS EN CAPITAL.

43

MOMENTUM TRADING

LE "MOMENTUM TRADING" EST UNE STRATÉGIE QUI CONSISTE À ACHETER DES ACTIFS DONT LES PRIX SONT EN HAUSSE ET À VENDRE CEUX DONT LES PRIX SONT EN BAISSE. CETTE MÉTHODE REPOSE SUR L'IDÉE QUE LES ACTIFS QUI ONT PERFORMÉ BIEN OU MAL DANS LE PASSÉ RÉCENT CONTINUERONT DE LE FAIRE DANS UN AVENIR PROCHE. LES TRADERS UTILISANT CETTE STRATÉGIE SE CONCENTRENT SUR LES MOUVEMENTS DE PRIX ET LES TENDANCES DU MARCHÉ PLUTÔT QUE SUR LES FONDAMENTAUX DE L'ENTREPRISE OU LES FACTEURS ÉCONOMIQUES GLOBAUX. ILS UTILISENT SOUVENT DES INDICATEURS TECHNIQUES COMME LA MOYENNE MOBILE OU L'INDICE DE FORCE RELATIVE (RSI) POUR IDENTIFIER LES TENDANCES DE MARCHÉ. BIEN QUE LE MOMENTUM TRADING PUISSE OFFRIR DES OPPORTUNITÉS DE PROFIT SIGNIFICATIVES, IL COMPORTE ÉGALEMENT DES RISQUES, CAR LES TENDANCES PEUVENT S'INVERSER RAPIDEMENT EN RAISON DE CHANGEMENTS IMPRÉVUS DANS LES CONDITIONS DE MARCHÉ OU DES ÉVÉNEMENTS GÉOPOLITIQUES.

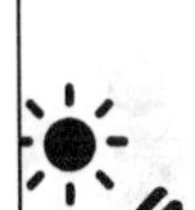

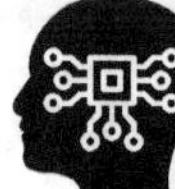

44

MARKET MAKER

UN "MARKET MAKER" EST UNE ENTREPRISE OU UNE PERSONNE QUI FACILITE LE TRADING EN OFFRANT CONTINUELLEMENT D'ACHETER ET DE VENDRE DES ACTIFS À DES PRIX DÉTERMINÉS. LEUR RÔLE PRINCIPAL EST DE FOURNIR DE LA LIQUIDITÉ AU MARCHÉ, CE QUI FACILITE LA RECHERCHE D'UN CONTREPARTIE POUR LES ORDRES DES TRADERS. LES MARKET MAKERS GAGNENT DE L'ARGENT SUR LA DIFFÉRENCE ENTRE LE PRIX D'ACHAT (BID) ET LE PRIX DE VENTE (ASK), APPELÉE SPREAD. ILS SONT CRUCIAUX DANS LES MARCHÉS FINANCIERS, CAR ILS AIDENT À RÉDUIRE LES ÉCARTS DE PRIX ET À AUGMENTER LE VOLUME DES TRANSACTIONS, RENDANT AINSI LE MARCHÉ PLUS EFFICACE. LES MARKET MAKERS SONT GÉNÉRALEMENT DE GRANDES INSTITUTIONS FINANCIÈRES OU DES SOCIÉTÉS SPÉCIALISÉES QUI S'ENGAGENT À MAINTENIR UNE PRÉSENCE CONSTANTE SUR LE MARCHÉ, CONTRIBUANT À SA STABILITÉ ET À SA FLUIDITÉ.

45

LEVERAGE TRADING

LE "LEVERAGE", OU EFFET DE LEVIER, EST UN OUTIL UTILISÉ DANS LE TRADING POUR AMPLIFIER L'EXPOSITION À UN MARCHÉ AVEC UN CAPITAL RELATIVEMENT FAIBLE. EN UTILISANT L'EFFET DE LEVIER, UN TRADER PEUT OUVRIR UNE POSITION PLUS IMPORTANTE QUE SON CAPITAL DE TRADING NE LE PERMETTRAIT NORMALEMENT. PAR EXEMPLE, AVEC UN EFFET DE LEVIER DE 10:1, UN TRADER PEUT OUVRIR UNE POSITION DE 100 000 $ AVEC SEULEMENT 10 000 $ DE CAPITAL PROPRE. BIEN QUE L'EFFET DE LEVIER PUISSE AUGMENTER SIGNIFICATIVEMENT LES PROFITS POTENTIELS, IL AUGMENTE ÉGALEMENT LES RISQUES. LES PERTES PEUVENT RAPIDEMENT DÉPASSER LE CAPITAL INITIAL, SURTOUT SI LE MARCHÉ ÉVOLUE DE MANIÈRE DÉFAVORABLE PAR RAPPORT À LA POSITION DU TRADER. L'UTILISATION DE L'EFFET DE LEVIER NÉCESSITE UNE COMPRÉHENSION APPROFONDIE DES RISQUES ET UNE GESTION PRUDENTE DES POSITIONS. IL EST SOUVENT UTILISÉ DANS LES MARCHÉS DU FOREX, DES CFD, ET DES FUTURES.

46

INDICES BOURSIERS

LES INDICES BOURSIERS, TELS QUE LE S&P 500 OU LE DOW JONES INDUSTRIAL AVERAGE, JOUENT UN RÔLE CRUCIAL DANS LE MONDE FINANCIER EN SUIVANT LA PERFORMANCE D'UN GROUPE SÉLECTIONNÉ D'ACTIONS. CES INDICES SONT DES INDICATEURS REPRÉSENTATIFS DE LA SANTÉ GLOBALE DES MARCHÉS BOURSIERS ET DE L'ÉCONOMIE. LE S&P 500, PAR EXEMPLE, COMPREND 500 DES PLUS GRANDES ENTREPRISES COTÉES SUR LES BOURSES AMÉRICAINES, OFFRANT UNE VUE D'ENSEMBLE DE LA PERFORMANCE DU MARCHÉ AMÉRICAIN. LE DOW JONES INDUSTRIAL AVERAGE, EN REVANCHE, SUIT 30 GRANDES ENTREPRISES INDUSTRIELLES AMÉRICAINES. LES MOUVEMENTS DE CES INDICES FOURNISSENT DES INFORMATIONS ESSENTIELLES AUX INVESTISSEURS SUR LES TENDANCES GÉNÉRALES DU MARCHÉ, AIDANT À LA PRISE DE DÉCISION EN MATIÈRE D'INVESTISSEMENT. ILS SONT ÉGALEMENT UTILISÉS COMME BENCHMARKS POUR ÉVALUER LA PERFORMANCE DES PORTEFEUILLES D'INVESTISSEMENT ET DES FONDS GÉRÉS ACTIVEMENT.

47

MUTUAL FUNDS

LES "MUTUAL FUNDS", OU FONDS COMMUNS DE PLACEMENT, PERMETTENT AUX INVESTISSEURS D'ACCÉDER À UN PORTEFEUILLE DIVERSIFIÉ D'ACTIFS AVEC UN INVESTISSEMENT RELATIVEMENT FAIBLE. CES FONDS REGROUPENT L'ARGENT DE NOMBREUX INVESTISSEURS POUR ACHETER UNE LARGE GAMME D'ACTIFS, COMME DES ACTIONS, DES OBLIGATIONS, ET D'AUTRES INSTRUMENTS FINANCIERS. GÉRÉS PAR DES PROFESSIONNELS, LES MUTUAL FUNDS VISENT À MAXIMISER LES RENDEMENTS POUR LEURS INVESTISSEURS TOUT EN MINIMISANT LES RISQUES PAR LA DIVERSIFICATION. ILS OFFRENT PLUSIEURS AVANTAGES, NOTAMMENT LA GESTION PROFESSIONNELLE, LA DIVERSIFICATION, L'ACCESSIBILITÉ ET LA SIMPLICITÉ. LES MUTUAL FUNDS SONT ADAPTÉS AUX INVESTISSEURS QUI NE SOUHAITENT PAS GÉRER ACTIVEMENT LEURS PROPRES PORTEFEUILLES OU QUI N'ONT PAS LE CAPITAL NÉCESSAIRE POUR CRÉER UNE DIVERSIFICATION ADÉQUATE PAR EUX-MÊMES. CEPENDANT, ILS IMPLIQUENT DES FRAIS DE GESTION ET D'AUTRES CHARGES QUI PEUVENT AFFECTER LES RENDEMENTS GLOBAUX.

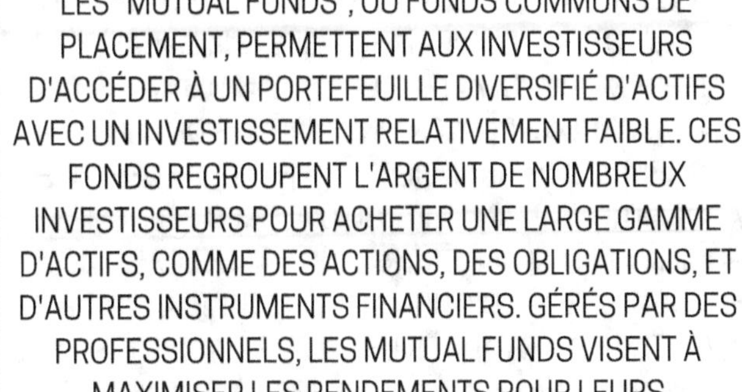

48

INSIDER TRADING

L'"INSIDER TRADING" SE RÉFÈRE À L'ACHAT OU LA VENTE D'ACTIONS D'UNE ENTREPRISE SUR LA BASE D'INFORMATIONS MATÉRIELLES NON PUBLIQUES. CES INFORMATIONS PEUVENT INCLURE DES DÉTAILS SUR LES RÉSULTATS FINANCIERS À VENIR, DES FUSIONS ET ACQUISITIONS PLANIFIÉES, OU D'AUTRES ÉVÉNEMENTS SIGNIFICATIFS. L'INSIDER TRADING EST ILLÉGAL DANS LA PLUPART DES JURIDICTIONS CAR IL DONNE À L'INITIÉ UN AVANTAGE DÉLOYAL SUR LES AUTRES INVESTISSEURS QUI N'ONT PAS ACCÈS À CES INFORMATIONS. LES RÉGULATEURS DU MARCHÉ, COMME LA SECURITIES AND EXCHANGE COMMISSION (SEC) AUX ÉTATS-UNIS, IMPOSENT DES RÈGLES STRICTES ET DES SANCTIONS SÉVÈRES POUR DISSUADER ET PUNIR L'INSIDER TRADING. LES CAS D'INSIDER TRADING PEUVENT MINER LA CONFIANCE DU PUBLIC DANS L'INTÉGRITÉ DES MARCHÉS FINANCIERS ET SONT CONSIDÉRÉS COMME UNE FORME DE FRAUDE BOURSIÈRE. LA LUTTE CONTRE L'INSIDER TRADING EST ESSENTIELLE POUR ASSURER UN TERRAIN DE JEU ÉQUITABLE POUR TOUS LES INVESTISSEURS.

49

STOCK SPLITS

LES "STOCK SPLITS" OU DIVISIONS D'ACTIONS, SONT DES ÉVÉNEMENTS OÙ UNE ENTREPRISE DIVISE SES ACTIONS EXISTANTES EN PLUSIEURS NOUVELLES ACTIONS. CELA EST GÉNÉRALEMENT FAIT POUR RENDRE LES ACTIONS PLUS ACCESSIBLES AUX INVESTISSEURS EN RÉDUISANT LE PRIX PAR ACTION, SANS CHANGER LA CAPITALISATION BOURSIÈRE DE L'ENTREPRISE. PAR EXEMPLE, DANS UN SPLIT 2 POUR 1, CHAQUE ACTION EXISTANTE EST DIVISÉE EN DEUX NOUVELLES ACTIONS, RÉDUISANT DE MOITIÉ LE PRIX DE CHAQUE ACTION. LES STOCK SPLITS PEUVENT RENDRE LES ACTIONS PLUS ATTRACTIVES POUR LES PETITS INVESTISSEURS ET PEUVENT ÊTRE INTERPRÉTÉS COMME UN SIGNE DE CONFIANCE DE LA DIRECTION DANS LA PERFORMANCE FUTURE DE L'ENTREPRISE. CEPENDANT, IL EST IMPORTANT DE NOTER QUE LE SPLIT EN SOI NE MODIFIE PAS LA VALEUR DE L'INVESTISSEMENT TOTAL D'UN ACTIONNAIRE, CAR BIEN QUE LE NOMBRE D'ACTIONS AUGMENTE, LE PRIX PAR ACTION DIMINUE PROPORTIONNELLEMENT.

50

CAPITALISATION BOURSIÈRE

LA "CAPITALISATION BOURSIÈRE" REPRÉSENTE LA VALEUR TOTALE DES ACTIONS EN CIRCULATION D'UNE ENTREPRISE ET EST CALCULÉE EN MULTIPLIANT LE PRIX ACTUEL DE L'ACTION PAR LE NOMBRE TOTAL D'ACTIONS EN CIRCULATION. PAR EXEMPLE, SI UNE ENTREPRISE A 1 MILLION D'ACTIONS EN CIRCULATION ET QUE LE PRIX DE CHAQUE ACTION EST DE 50 $, SA CAPITALISATION BOURSIÈRE SERAIT DE 50 MILLIONS DE DOLLARS. LA CAPITALISATION BOURSIÈRE EST UN INDICATEUR CLÉ DE LA TAILLE ET DE LA VALEUR D'UNE ENTREPRISE SUR LE MARCHÉ ET EST SOUVENT UTILISÉE POUR COMPARER DES ENTREPRISES DANS LE MÊME SECTEUR OU POUR CATÉGORISER LES ENTREPRISES EN DIFFÉRENTES CLASSES DE TAILLE, COMME LES PETITES, MOYENNES OU GRANDES CAPITALISATIONS. LA CAPITALISATION BOURSIÈRE EST ÉGALEMENT UN FACTEUR IMPORTANT DANS LA COMPOSITION DE NOMBREUX INDICES BOURSIERS, QUI TENDENT À DONNER PLUS DE POIDS AUX ENTREPRISES À GRANDE CAPITALISATION.

51

STOCK OPTIONS

LES "STOCK OPTIONS" SONT DES CONTRATS QUI DONNENT AUX INVESTISSEURS LE DROIT, MAIS PAS L'OBLIGATION, D'ACHETER OU DE VENDRE LES ACTIONS D'UNE ENTREPRISE À UN PRIX SPÉCIFIQUE, APPELÉ PRIX D'EXERCICE, DANS UN DÉLAI DÉTERMINÉ. IL EXISTE DEUX TYPES PRINCIPAUX D'OPTIONS : LES OPTIONS D'ACHAT (CALL OPTIONS), QUI DONNENT LE DROIT D'ACHETER, ET LES OPTIONS DE VENTE (PUT OPTIONS), QUI DONNENT LE DROIT DE VENDRE. LES OPTIONS SONT UTILISÉES POUR DIVERSES STRATÉGIES, ALLANT DE LA SPÉCULATION SUR LA DIRECTION FUTURE DU PRIX DES ACTIONS À LA COUVERTURE DU RISQUE SUR UN PORTEFEUILLE D'ACTIONS EXISTANT. LES STOCK OPTIONS PEUVENT OFFRIR UN POTENTIEL DE PROFIT ÉLEVÉ AVEC UN INVESTISSEMENT INITIAL RELATIVEMENT FAIBLE, MAIS ELLES COMPORTENT ÉGALEMENT DES RISQUES IMPORTANTS, NOTAMMENT LA PERTE TOTALE DU CAPITAL INVESTI DANS L'OPTION SI LE MARCHÉ N'ÉVOLUE PAS COMME PRÉVU. LES OPTIONS SONT DONC CONSIDÉRÉES COMME DES INSTRUMENTS FINANCIERS AVANCÉS ET NÉCESSITENT UNE COMPRÉHENSION APPROFONDIE DES MARCHÉS ET DES STRATÉGIES DE TRADING D'OPTIONS.

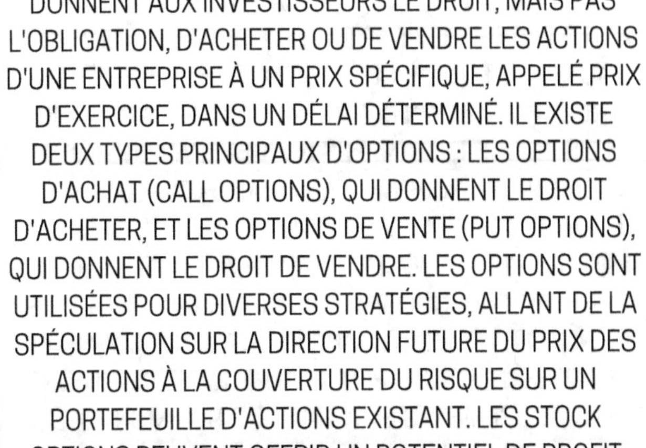

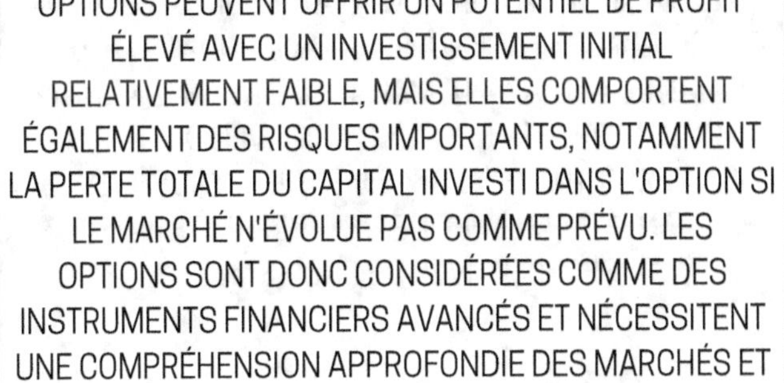

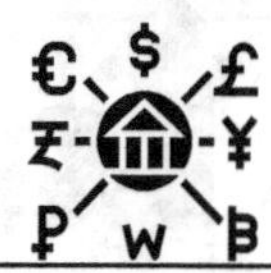

52

DIVIDEND YIELD

LE "DIVIDEND YIELD" EST UN RATIO FINANCIER QUI MESURE LE MONTANT DES DIVIDENDES VERSÉS PAR UNE ENTREPRISE PAR RAPPORT À SON COURS DE L'ACTION. IL EST CALCULÉ EN DIVISANT LE DIVIDENDE ANNUEL PAR ACTION PAR LE PRIX ACTUEL DE L'ACTION, PUIS EN MULTIPLIANT LE RÉSULTAT PAR 100 POUR L'OBTENIR EN POURCENTAGE. PAR EXEMPLE, SI UNE ENTREPRISE VERSE 2 $ DE DIVIDENDES PAR ACTION ANNUELLEMENT ET QUE LE PRIX DE SON ACTION EST DE 40 $, SON DIVIDEND YIELD SERAIT DE 5%. CE RATIO EST UN INDICATEUR IMPORTANT POUR LES INVESTISSEURS QUI CHERCHENT DES REVENUS RÉGULIERS DE LEURS INVESTISSEMENTS EN ACTIONS, CAR IL MONTRE LE RENDEMENT QU'ILS PEUVENT S'ATTENDRE À RECEVOIR EN TERMES DE DIVIDENDES. UN DIVIDEND YIELD ÉLEVÉ PEUT ÊTRE ATTRAYANT, MAIS IL EST IMPORTANT DE LE CONSIDÉRER EN CONJONCTION AVEC D'AUTRES FACTEURS, COMME LA STABILITÉ DES DIVIDENDES, LA SANTÉ FINANCIÈRE DE L'ENTREPRISE ET LES PERSPECTIVES DE CROISSANCE.

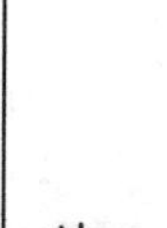

53

JUNK BONDS

LES "JUNK BONDS", OU OBLIGATIONS À HAUT RENDEMENT, SONT DES TITRES DE DETTE ÉMIS PAR DES ENTREPRISES OU DES ENTITÉS GOUVERNEMENTALES AYANT DES NOTATIONS DE CRÉDIT INFÉRIEURES. EN RAISON DE LA QUALITÉ DE CRÉDIT PLUS FAIBLE DE L'ÉMETTEUR, CES OBLIGATIONS OFFRENT DES TAUX D'INTÉRÊT PLUS ÉLEVÉS POUR COMPENSER LES INVESTISSEURS POUR LE RISQUE ACCRU. BIEN QUE LE TERME "JUNK" (DÉCHET) SUGGÈRE UNE QUALITÉ MÉDIOCRE, CES OBLIGATIONS PEUVENT ÊTRE DES INVESTISSEMENTS ATTRAYANTS POUR CEUX QUI SONT DISPOSÉS À ACCEPTER UN RISQUE PLUS ÉLEVÉ EN ÉCHANGE DE RENDEMENTS POTENTIELS PLUS IMPORTANTS. LES JUNK BONDS SONT PARTICULIÈREMENT SENSIBLES AUX CHANGEMENTS DES CONDITIONS ÉCONOMIQUES ET À LA SANTÉ FINANCIÈRE DE L'ÉMETTEUR, CE QUI PEUT AUGMENTER LE RISQUE DE DÉFAUT. ILS SONT SOUVENT UTILISÉS PAR LES INVESTISSEURS POUR DIVERSIFIER UN PORTEFEUILLE D'OBLIGATIONS ET AUGMENTER LE RENDEMENT GLOBAL, MAIS NÉCESSITENT UNE ANALYSE APPROFONDIE ET UNE COMPRÉHENSION DU RISQUE DE CRÉDIT.

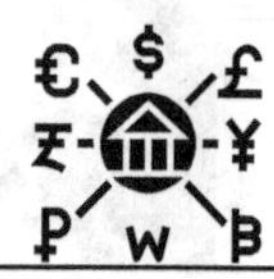

54

MARKET DEPTH

LA "MARKET DEPTH", OU PROFONDEUR DU MARCHÉ, EST UNE REPRÉSENTATION EN TEMPS RÉEL DES ORDRES D'ACHAT ET DE VENTE EN ATTENTE SUR UN MARCHÉ POUR UN ACTIF SPÉCIFIQUE. ELLE MONTRE LES DIFFÉRENTS PRIX AUXQUELS LES TRADERS SONT PRÊTS À ACHETER OU VENDRE UN ACTIF, AINSI QUE LE NOMBRE D'ACTIFS DISPONIBLES À CES PRIX. GÉNÉRALEMENT AFFICHÉE SOUS FORME DE TABLEAU OU DE GRAPHIQUE, LA MARKET DEPTH OFFRE UN APERÇU DE L'OFFRE ET DE LA DEMANDE, AINSI QUE DU POTENTIEL DE LIQUIDITÉ POUR UN ACTIF. UN MARCHÉ AVEC UNE PROFONDEUR IMPORTANTE INDIQUE UNE GRANDE LIQUIDITÉ, PERMETTANT AUX GRANDES TRANSACTIONS DE SE FAIRE SANS UN IMPACT SIGNIFICATIF SUR LE PRIX DE L'ACTIF. LA MARKET DEPTH EST UN OUTIL UTILE POUR LES TRADERS, CAR ELLE PEUT AIDER À IDENTIFIER LES NIVEAUX DE SUPPORT ET DE RÉSISTANCE, À ÉVALUER LA DIRECTION POTENTIELLE DU MARCHÉ, ET À PRENDRE DES DÉCISIONS DE TRADING INFORMÉES. CEPENDANT, ELLE PEUT ÊTRE INFLUENCÉE PAR DES ORDRES DE GRANDE TAILLE ET PAR LE TRADING ALGORITHMIQUE, CE QUI NÉCESSITE UNE INTERPRÉTATION PRUDENTE DES DONNÉES.

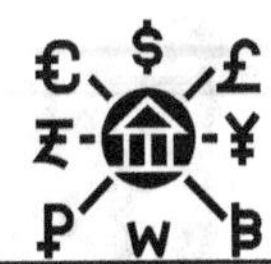

REITS IMMOBILIERS

LES "REITS" (REAL ESTATE INVESTMENT TRUSTS) SONT DES SOCIÉTÉS QUI POSSÈDENT, EXPLOITENT OU FINANCENT DES BIENS IMMOBILIERS GÉNÉRANT DES REVENUS. ELLES OFFRENT AUX INVESTISSEURS LA POSSIBILITÉ D'INVESTIR DANS UN PORTEFEUILLE DIVERSIFIÉ DE BIENS IMMOBILIERS, TELS QUE DES CENTRES COMMERCIAUX, DES BUREAUX, DES APPARTEMENTS ET DES HÔTELS. LES REITS SONT CONÇUS POUR FOURNIR UN FLUX DE REVENUS RÉGULIER, CAR ELLES SONT TENUES DE DISTRIBUER UNE GRANDE MAJORITÉ DE LEURS BÉNÉFICES IMPOSABLES SOUS FORME DE DIVIDENDES À LEURS ACTIONNAIRES. ELLES OFFRENT DONC UN MOYEN ATTRAYANT POUR LES INVESTISSEURS D'ACCÉDER AU MARCHÉ IMMOBILIER SANS AVOIR À ACHETER DIRECTEMENT DES PROPRIÉTÉS. DE PLUS, LES REITS SONT GÉNÉRALEMENT COTÉES EN BOURSE, CE QUI OFFRE UNE LIQUIDITÉ SUPPLÉMENTAIRE ET FACILITE L'ACHAT ET LA VENTE D'ACTIONS. INVESTIR DANS DES REITS PEUT ÉGALEMENT OFFRIR DES AVANTAGES FISCAUX ET EST UNE MÉTHODE COURANTE POUR DIVERSIFIER UN PORTEFEUILLE D'INVESTISSEMENT AU-DELÀ DES ACTIONS ET DES OBLIGATIONS TRADITIONNELLES.

56

PORTFOLIO BALANCING

LE "PORTFOLIO BALANCING", OU ÉQUILIBRAGE DE PORTEFEUILLE, EST LE PROCESSUS D'AJUSTEMENT DE LA RÉPARTITION DES ACTIFS DANS UN PORTEFEUILLE D'INVESTISSEMENT POUR S'ALIGNER AVEC LES OBJECTIFS DE RISQUE ET DE RENDEMENT D'UN INVESTISSEUR. CETTE PRATIQUE IMPLIQUE RÉGULIÈREMENT DE REVOIR ET DE RÉAJUSTER LA COMPOSITION DU PORTEFEUILLE POUR MAINTENIR UN NIVEAU DE RISQUE SOUHAITÉ, EN TENANT COMPTE DES CHANGEMENTS DANS LES CONDITIONS DE MARCHÉ ET DANS LES OBJECTIFS FINANCIERS PERSONNELS. L'ÉQUILIBRAGE PEUT IMPLIQUER DE VENDRE CERTAINS ACTIFS QUI ONT BIEN PERFORMÉ (ET DONC REPRÉSENTENT UNE PLUS GRANDE PARTIE DU PORTEFEUILLE) ET D'EN ACHETER D'AUTRES POUR MAINTENIR UNE DIVERSIFICATION APPROPRIÉE. C'EST UNE COMPOSANTE CLÉ DE LA GESTION DE PORTEFEUILLE, CAR ELLE AIDE À MINIMISER LES RISQUES TOUT EN MAXIMISANT LES RENDEMENTS POTENTIELS SELON LE PROFIL DE RISQUE DE L'INVESTISSEUR. L'ÉQUILIBRAGE DE PORTEFEUILLE EST PARTICULIÈREMENT IMPORTANT DANS DES MARCHÉS VOLATILS, OÙ LES ALLOCATIONS D'ACTIFS PEUVENT RAPIDEMENT S'ÉCARTER DES CIBLES INITIALES.

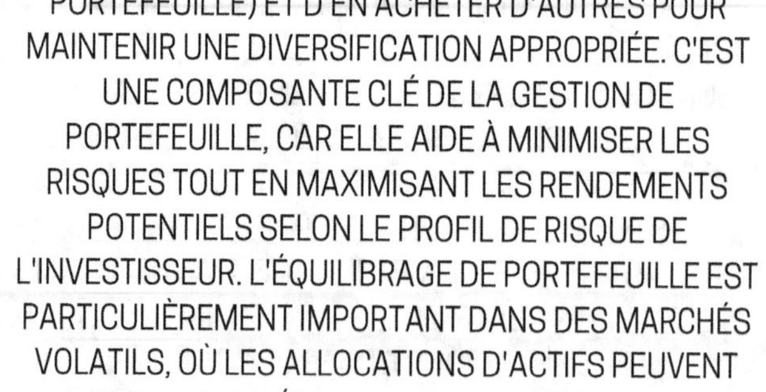

IPOS MARCHÉS

LES "INITIAL PUBLIC OFFERINGS" (IPO) SONT DES ÉVÉNEMENTS OÙ UNE ENTREPRISE OFFRE SES ACTIONS AU PUBLIC POUR LA PREMIÈRE FOIS. CE PROCESSUS MARQUE LA TRANSITION D'UNE ENTREPRISE DE PRIVÉE À PUBLIQUE ET PERMET AUX ENTREPRISES DE LEVER DES CAPITAUX EN VENDANT DES ACTIONS À DES INVESTISSEURS PUBLICS. L'IPO IMPLIQUE GÉNÉRALEMENT DES ÉTAPES COMME LA SOUMISSION D'UNE DÉCLARATION D'ENREGISTREMENT AUX RÉGULATEURS DU MARCHÉ (COMME LA SEC AUX ÉTATS-UNIS), LA DÉTERMINATION DU PRIX DE L'ACTION, ET LA COLLABORATION AVEC DES BANQUES D'INVESTISSEMENT POUR GÉRER LA VENTE DES ACTIONS. UNE IPO RÉUSSIE PEUT FOURNIR À UNE ENTREPRISE LES FONDS NÉCESSAIRES POUR SE DÉVELOPPER, AUGMENTER SA VISIBILITÉ SUR LE MARCHÉ ET PERMETTRE AUX FONDATEURS ET AUX PREMIERS INVESTISSEURS DE RÉALISER UNE PARTIE DE LEUR INVESTISSEMENT. CEPENDANT, UNE INTRODUCTION EN BOURSE APPORTE ÉGALEMENT UNE RÉGLEMENTATION ACCRUE, UNE TRANSPARENCE OBLIGATOIRE ET UNE PRESSION POUR MAINTENIR LA SATISFACTION DES ACTIONNAIRES. POUR LES INVESTISSEURS, LES IPO PEUVENT OFFRIR UNE OPPORTUNITÉ D'INVESTIR TÔT DANS UNE ENTREPRISE POTENTIELLEMENT PROMETTEUSE, MAIS ELLES COMPORTENT AUSSI DES RISQUES IMPORTANTS, NOTAMMENT EN RAISON DE L'INCERTITUDE INITIALE SUR LA PERFORMANCE DU MARCHÉ DE L'ACTION.

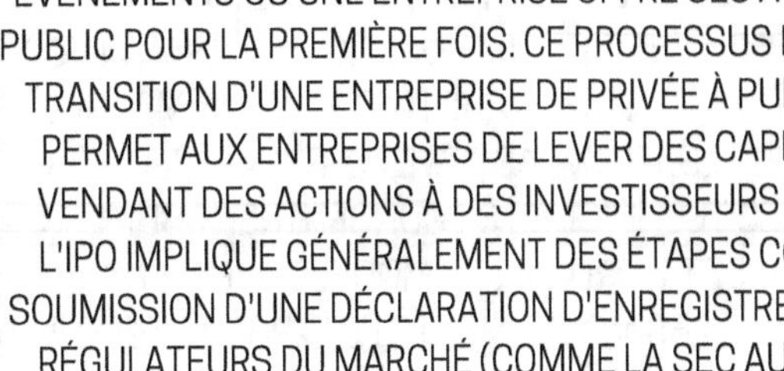

58

ANALYSE TECHNIQUE

L'ANALYSE TECHNIQUE EST UNE MÉTHODE UTILISÉE POUR ÉVALUER LES INVESTISSEMENTS ET IDENTIFIER LES OPPORTUNITÉS DE TRADING EN ANALYSANT LES STATISTIQUES GÉNÉRÉES PAR L'ACTIVITÉ DU MARCHÉ, TELLES QUE LES PRIX PASSÉS ET LES VOLUMES. LES ANALYSTES TECHNIQUES SE CONCENTRENT SUR LES GRAPHIQUES DE PRIX ET LES MODÈLES DE MARCHÉ POUR PRÉDIRE LES MOUVEMENTS FUTURS DES PRIX. ILS UTILISENT DIVERS OUTILS ET INDICATEURS, TELS QUE LES MOYENNES MOBILES, LES BANDES DE BOLLINGER ET LE RSI (RELATIVE STRENGTH INDEX), POUR ANALYSER LES TENDANCES ET LES POINTS DE RETOURNEMENT POTENTIELS DU MARCHÉ. L'ANALYSE TECHNIQUE REPOSE SUR L'HYPOTHÈSE QUE LES PRIX DES ACTIFS SE DÉPLACENT EN TENDANCES ET QUE L'HISTOIRE A TENDANCE À SE RÉPÉTER. ELLE EST COURAMMENT UTILISÉE PAR LES TRADERS POUR PRENDRE DES DÉCISIONS À COURT TERME, BIEN QUE CERTAINS L'INTÈGRENT ÉGALEMENT DANS DES STRATÉGIES À LONG TERME. CEPENDANT, IL EST IMPORTANT DE NOTER QUE L'ANALYSE TECHNIQUE NE GARANTIT PAS LES RÉSULTATS FUTURS ET DOIT SOUVENT ÊTRE UTILISÉE EN CONJONCTION AVEC D'AUTRES FORMES D'ANALYSE.

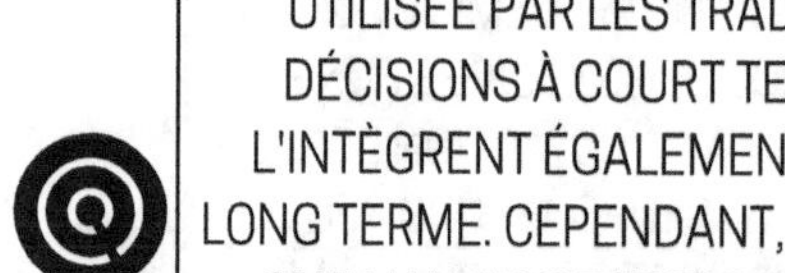

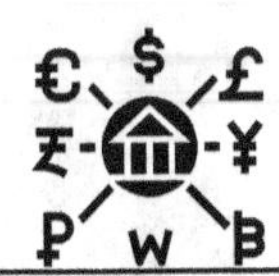

59

ANALYSE FONDAMENTALE

L'ANALYSE FONDAMENTALE EST UNE MÉTHODE D'ÉVALUATION D'UN ACTIF EN EXAMINANT LES FACTEURS ÉCONOMIQUES, SOCIAUX ET POLITIQUES QUI PEUVENT INFLUENCER SA VALEUR. POUR LES ACTIONS, CELA PEUT INCLURE L'ANALYSE DES ÉTATS FINANCIERS DE L'ENTREPRISE, LA QUALITÉ DE SA DIRECTION, SES PRODUITS ET SERVICES, SON POSITIONNEMENT DANS L'INDUSTRIE ET SON ENVIRONNEMENT CONCURRENTIEL. POUR LES DEVISES ET LES MATIÈRES PREMIÈRES, LES ANALYSTES PEUVENT EXAMINER LES INDICATEURS ÉCONOMIQUES, LES CONDITIONS POLITIQUES ET LES ÉVÉNEMENTS MONDIAUX. L'OBJECTIF EST DE DÉTERMINER LA VALEUR INTRINSÈQUE D'UN ACTIF ET DE VOIR SI ELLE EST SOUS-ÉVALUÉE OU SURÉVALUÉE PAR LE MARCHÉ. LES INVESTISSEURS UTILISENT CES INFORMATIONS POUR PRENDRE DES DÉCISIONS D'INVESTISSEMENT À LONG TERME. L'ANALYSE FONDAMENTALE EST SOUVENT CONTRASTÉE AVEC L'ANALYSE TECHNIQUE, CAR ELLE SE CONCENTRE SUR LA VALEUR INTRINSÈQUE PLUTÔT QUE SUR LES TENDANCES DES PRIX.

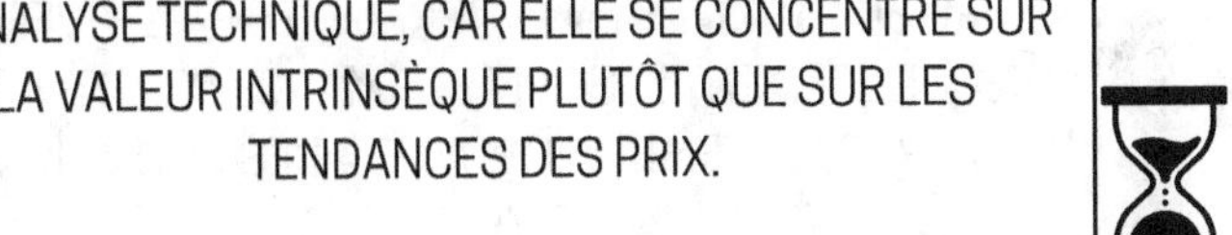

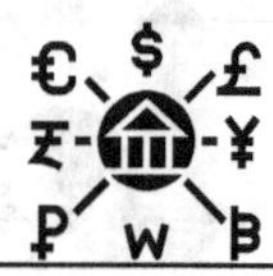

60

TRADING BOTS

LES "TRADING BOTS" SONT DES PROGRAMMES INFORMATIQUES CONÇUS POUR ACHETER ET VENDRE DES ACTIFS FINANCIERS DE MANIÈRE AUTOMATIQUE SUR LES MARCHÉS FINANCIERS. CES BOTS UTILISENT DIVERS ALGORITHMES POUR ANALYSER LES DONNÉES DU MARCHÉ ET EXÉCUTER DES ORDRES DE TRADING BASÉS SUR DES CRITÈRES PRÉDÉFINIS. ILS PEUVENT TRAITER UNE QUANTITÉ MASSIVE DE DONNÉES ET PRENDRE DES DÉCISIONS DE TRADING EN FRACTIONS DE SECONDE, CE QUI EST HUMAINEMENT IMPOSSIBLE. LES TRADING BOTS SONT POPULAIRES DANS LE TRADING À HAUTE FRÉQUENCE, LE TRADING ALGORITHMIQUE ET CHEZ LES TRADERS PARTICULIERS. ILS PEUVENT AIDER À ÉLIMINER LES ERREURS HUMAINES ET LES INFLUENCES ÉMOTIONNELLES DANS LE TRADING, MAIS ILS COMPORTENT ÉGALEMENT DES RISQUES, NOTAMMENT EN TERMES DE FIABILITÉ ET DE SÉCURITÉ. LES TRADERS DOIVENT S'ASSURER QUE LEURS BOTS SONT BIEN PROGRAMMÉS ET SURVEILLER RÉGULIÈREMENT LEUR PERFORMANCE POUR ÉVITER DES PERTES POTENTIELLES DUES À DES ANOMALIES OU À DES CHANGEMENTS DE MARCHÉ.

61

STOCK INDICES

LES "STOCK INDICES" OU INDICES BOURSIERS, SONT DES INDICATEURS AGRÉGÉS QUI REFLÈTENT LA PERFORMANCE GÉNÉRALE D'UN MARCHÉ BOURSIER SPÉCIFIQUE OU D'UN SECTEUR DE L'ÉCONOMIE. CES INDICES SONT COMPOSÉS D'UN PANIER SÉLECTIONNÉ D'ACTIONS REPRÉSENTATIVES, ET LEUR VALEUR EST CALCULÉE SUR LA BASE DES PRIX DE CES ACTIONS. DES EXEMPLES POPULAIRES INCLUENT LE DOW JONES INDUSTRIAL AVERAGE (DJIA), QUI SUIT 30 GRANDES ENTREPRISES INDUSTRIELLES AMÉRICAINES, ET LE S&P 500, QUI COMPREND 500 DES PLUS GRANDES ENTREPRISES COTÉES SUR LES BOURSES AMÉRICAINES. LES INDICES BOURSIERS SONT DES OUTILS ESSENTIELS POUR LES INVESTISSEURS ET LES ANALYSTES, CAR ILS FOURNISSENT UN APERÇU RAPIDE DE LA SANTÉ ET DES TENDANCES DU MARCHÉ. ILS SONT ÉGALEMENT UTILISÉS COMME BENCHMARKS POUR ÉVALUER LA PERFORMANCE DES FONDS D'INVESTISSEMENT ET DES PORTEFEUILLES INDIVIDUELS.

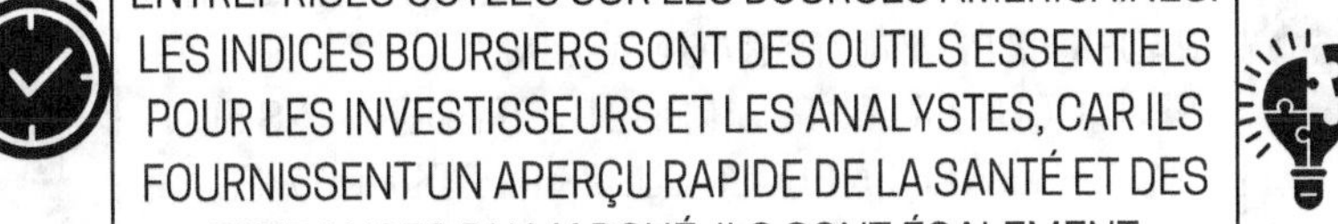

62

MARGIN CALL

UN "MARGIN CALL" SE PRODUIT DANS LE TRADING SUR MARGE LORSQUE LA VALEUR D'UN COMPTE DE TRADING TOMBE EN DESSOUS DU NIVEAU DE MARGE REQUIS PAR LE COURTIER. CELA PEUT ARRIVER LORSQUE LES POSITIONS OUVERTES DANS LE COMPTE SUBISSENT DES PERTES IMPORTANTES, RÉDUISANT AINSI LA VALEUR DU COMPTE. LORSQU'UN MARGIN CALL SE PRODUIT, LE TRADER DOIT DÉPOSER DES FONDS SUPPLÉMENTAIRES DANS LE COMPTE POUR LE RAMENER AU NIVEAU DE MARGE MINIMUM REQUIS OU FERMER CERTAINES OU TOUTES LES POSITIONS POUR RÉDUIRE LE MONTANT DE LA MARGE UTILISÉE. SI LE TRADER NE RÉPOND PAS AU MARGIN CALL, LE COURTIER PEUT LIQUIDER LES POSITIONS DU TRADER SANS SON CONSENTEMENT POUR COUVRIR LE DÉFICIT. LES MARGIN CALLS SONT UN RISQUE IMPORTANT DU TRADING SUR MARGE, SOULIGNANT LA NÉCESSITÉ D'UNE GESTION PRUDENTE DU RISQUE ET D'UNE COMPRÉHENSION CLAIRE DE L'UTILISATION DE L'EFFET DE LEVIER.

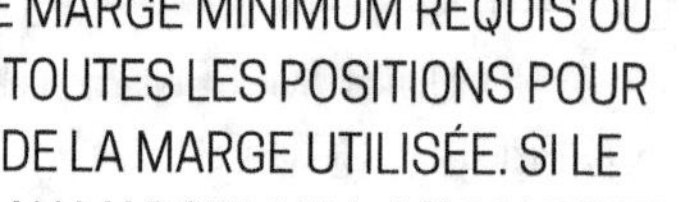

63

ROBO-ADVISORS

LES "ROBO-ADVISORS" SONT DES PLATEFORMES D'INVESTISSEMENT EN LIGNE QUI OFFRENT DES CONSEILS AUTOMATISÉS ET LA GESTION DE PORTEFEUILLE À L'AIDE D'ALGORITHMES. CES PLATEFORMES UTILISENT DES QUESTIONNAIRES POUR ÉVALUER LE PROFIL DE RISQUE, LES OBJECTIFS D'INVESTISSEMENT ET LES PRÉFÉRENCES DE L'UTILISATEUR, PUIS ELLES UTILISENT CES INFORMATIONS POUR CONSTRUIRE ET GÉRER AUTOMATIQUEMENT UN PORTEFEUILLE D'INVESTISSEMENT. LES ROBO-ADVISORS INVESTISSENT GÉNÉRALEMENT DANS DES FONDS INDICIELS OU DES ETF POUR OFFRIR UNE DIVERSIFICATION EFFICACE À UN COÛT RELATIVEMENT BAS. ILS SONT POPULAIRES PARMI LES INVESTISSEURS DÉBUTANTS OU CEUX QUI PRÉFÈRENT UNE APPROCHE D'INVESTISSEMENT PASSIVE, CAR ILS OFFRENT UNE SOLUTION FACILE ET ABORDABLE POUR ENTRER SUR LE MARCHÉ. BIEN QUE LES ROBO-ADVISORS PUISSENT FOURNIR UNE GESTION DE PORTEFEUILLE EFFICACE, ILS MANQUENT SOUVENT DE LA PERSONNALISATION ET DE L'EXPERTISE APPROFONDIE QU'UN CONSEILLER FINANCIER HUMAIN PEUT OFFRIR, EN PARTICULIER DANS DES SITUATIONS DE MARCHÉ COMPLEXES OU VOLATILES.

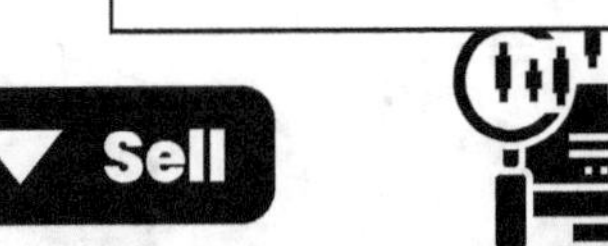

64

PUMP AND DUMP

LE "PUMP AND DUMP" EST UNE FORME DE MANIPULATION DE MARCHÉ ET UNE ESCROQUERIE FINANCIÈRE OÙ LES PROMOTEURS GONFLENT ARTIFICIELLEMENT LE PRIX D'UN ACTIF, SOUVENT UNE ACTION, PAR DE FAUSSES DÉCLARATIONS OU DES RECOMMANDATIONS EXAGÉRÉES. APRÈS AVOIR "POMPÉ" OU AUGMENTÉ LE PRIX, CES PROMOTEURS "DUMPENT" OU VENDENT LEURS ACTIONS À UN PRIX ÉLEVÉ. UNE FOIS QU'ILS ONT VENDU LEURS ACTIONS ET RÉALISÉ DES BÉNÉFICES, LA PROMOTION CESSE ET LE PRIX DE L'ACTION CHUTE BRUTALEMENT, LAISSANT LES AUTRES INVESTISSEURS AVEC DES PERTES SIGNIFICATIVES. CETTE PRATIQUE EST ILLÉGALE DANS DE NOMBREUSES JURIDICTIONS ET EST ÉTROITEMENT SURVEILLÉE PAR LES RÉGULATEURS FINANCIERS. LES OPÉRATIONS DE PUMP AND DUMP SONT PARTICULIÈREMENT COURANTES DANS LES MARCHÉS OÙ LES ACTIONS SONT MOINS LIQUIDES ET DONC PLUS SUSCEPTIBLES D'ÊTRE MANIPULÉES, COMME DANS LE CAS DES PENNY STOCKS.

65

DARK POOLS

LES "DARK POOLS" SONT DES RÉSEAUX DE TRADING PRIVÉS OU DES MARCHÉS ALTERNATIFS OÙ LES TRANSACTIONS FINANCIÈRES, EN PARTICULIER LES TRANSACTIONS D'ACTIONS, SONT EFFECTUÉES À L'ÉCART DES BOURSES TRADITIONNELLES. CES PLATEFORMES PERMETTENT AUX INVESTISSEURS INSTITUTIONNELS, TELS QUE LES FONDS DE PENSION, LES FONDS D'INVESTISSEMENT ET LES GRANDES BANQUES, DE NÉGOCIER DE GRANDS VOLUMES D'ACTIONS SANS RÉVÉLER LEURS INTENTIONS AU MARCHÉ PUBLIC AVANT QUE LES TRANSACTIONS NE SOIENT EXÉCUTÉES. L'AVANTAGE DES DARK POOLS EST QU'ILS MINIMISENT L'IMPACT SUR LE MARCHÉ DES GRANDES TRANSACTIONS, CE QUI PEUT ÊTRE PARTICULIÈREMENT UTILE POUR LES INVESTISSEURS QUI CHERCHENT À ÉVITER DE DÉPLACER LE PRIX D'UNE ACTION DE MANIÈRE SIGNIFICATIVE. CEPENDANT, LE MANQUE DE TRANSPARENCE DES DARK POOLS A SUSCITÉ DES INQUIÉTUDES CONCERNANT LES AVANTAGES POTENTIELS POUR LES PARTICIPANTS AUX DÉPENS DES INVESTISSEURS DU MARCHÉ PUBLIC ET DES QUESTIONS SUR LA SURVEILLANCE ET LA RÉGLEMENTATION DE CES TRANSACTIONS.

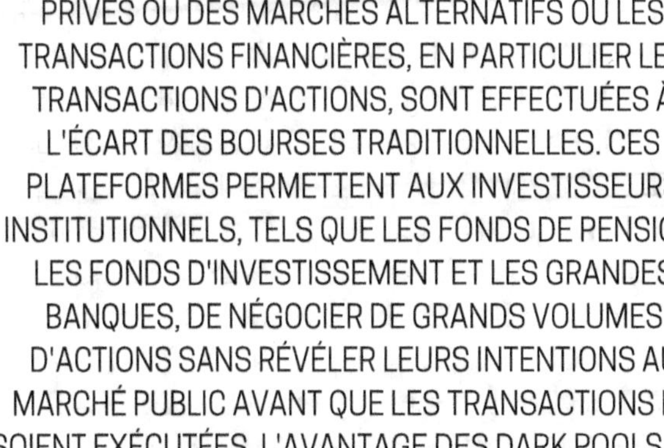

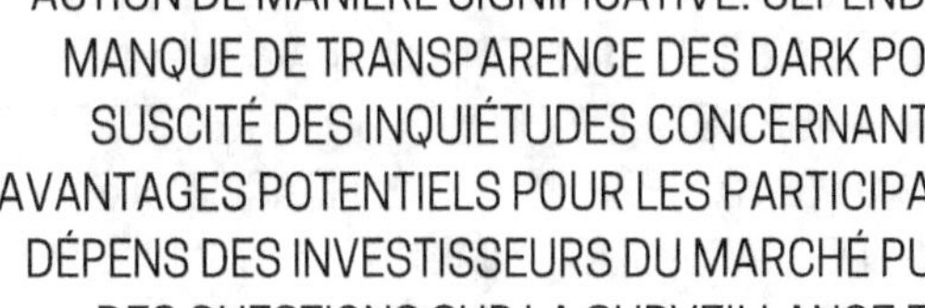

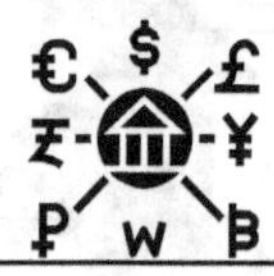

66

TRADING JOURNALS

LES "TRADING JOURNALS" SONT DES OUTILS UTILISÉS PAR LES TRADERS POUR ENREGISTRER ET ANALYSER LEURS TRANSACTIONS DE TRADING. UN JOURNAL DE TRADING TYPIQUE INCLUT DES DÉTAILS TELS QUE LA DATE DE LA TRANSACTION, LES ACTIFS ACHETÉS OU VENDUS, LES PRIX D'ENTRÉE ET DE SORTIE, LA TAILLE DE LA TRANSACTION, LES BÉNÉFICES OU PERTES RÉALISÉS, AINSI QUE LES OBSERVATIONS SUR LES CONDITIONS DU MARCHÉ OU LES RAISONS DE PRENDRE UNE POSITION PARTICULIÈRE. TENIR UN JOURNAL PERMET AUX TRADERS DE RÉFLÉCHIR SUR LEURS DÉCISIONS DE TRADING, D'IDENTIFIER LES STRATÉGIES QUI FONCTIONNENT BIEN, DE REPÉRER LEURS ERREURS ET D'AMÉLIORER LEURS COMPÉTENCES DE TRADING. EN EXAMINANT RÉGULIÈREMENT LEURS JOURNAUX, LES TRADERS PEUVENT ACQUÉRIR DES INSIGHTS PRÉCIEUX SUR LEUR STYLE DE TRADING, LEUR DISCIPLINE, ET LEUR GESTION DU RISQUE, CONTRIBUANT AINSI À UNE MEILLEURE PRISE DE DÉCISION ET À UNE STRATÉGIE DE TRADING PLUS COHÉRENTE ET EFFICACE. POUR BEAUCOUP, LE TRADING JOURNAL EST UN COMPOSANT ESSENTIEL D'UN TRADING RESPONSABLE ET AUTO-DISCIPLINÉ.

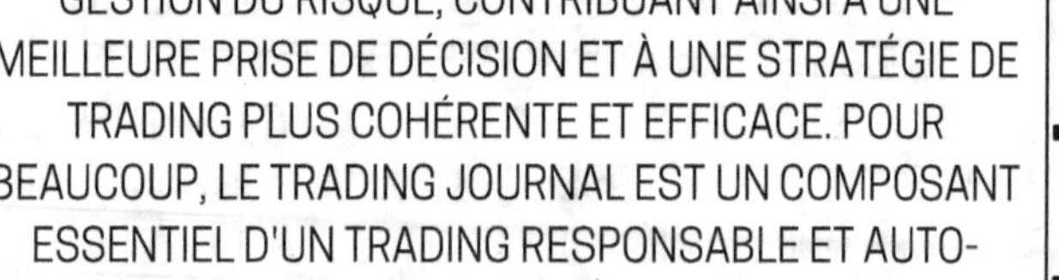

67

QUANTITATIVE EASING

LE "QUANTITATIVE EASING" (QE) EST UNE POLITIQUE MONÉTAIRE NON CONVENTIONNELLE UTILISÉE PAR LES BANQUES CENTRALES POUR STIMULER L'ÉCONOMIE NATIONALE LORSQUE LES MÉTHODES TRADITIONNELLES, COMME LA BAISSE DES TAUX D'INTÉRÊT, SONT INEFFICACES, SOUVENT EN PÉRIODE DE RÉCESSION OU DE FAIBLE INFLATION. DANS LE CADRE DU QE, LA BANQUE CENTRALE CRÉE DE L'ARGENT ÉLECTRONIQUE POUR ACHETER DES ACTIFS FINANCIERS, TELS QUE DES OBLIGATIONS D'ÉTAT ET DES OBLIGATIONS D'ENTREPRISES, AUPRÈS DES BANQUES COMMERCIALES ET D'AUTRES INSTITUTIONS FINANCIÈRES. CELA AUGMENTE LA QUANTITÉ DE RÉSERVES DANS LE SYSTÈME BANCAIRE, ENCOURAGEANT LES BANQUES À PRÊTER PLUS AUX ENTREPRISES ET AUX PARTICULIERS, CE QUI STIMULE L'INVESTISSEMENT ET LA CONSOMMATION. LE QE VISE ÉGALEMENT À AUGMENTER LA CONFIANCE DES INVESTISSEURS ET À RÉDUIRE LES TAUX D'INTÉRÊT À LONG TERME. CEPENDANT, CETTE POLITIQUE PEUT AVOIR DES CONSÉQUENCES, COMME L'AUGMENTATION DU RISQUE D'INFLATION ET L'IMPACT SUR LA VALEUR DE LA MONNAIE.

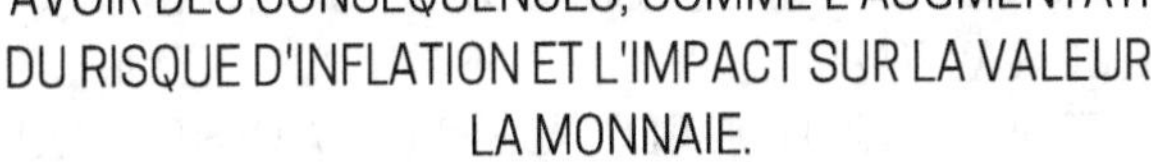

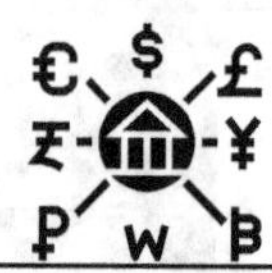

68

TRADING SIGNALS

LES "TRADING SIGNALS" SONT DES INDICATEURS OU DES ALERTES UTILISÉS PAR LES TRADERS POUR PRENDRE DES DÉCISIONS D'ACHAT OU DE VENTE SUR LES MARCHÉS FINANCIERS. CES SIGNAUX PEUVENT ÊTRE BASÉS SUR L'ANALYSE TECHNIQUE, L'ANALYSE FONDAMENTALE, OU D'AUTRES MÉTHODES D'ANALYSE DU MARCHÉ. LES SIGNAUX DE TRADING TECHNIQUES POURRAIENT INCLURE DES CONFIGURATIONS SPÉCIFIQUES SUR LES GRAPHIQUES DE PRIX, DES MODÈLES DE CHANDELIERS, OU DES SIGNAUX PROVENANT D'INDICATEURS TECHNIQUES COMME LES MOYENNES MOBILES OU L'INDICE DE FORCE RELATIVE (RSI). LES SIGNAUX FONDAMENTAUX PEUVENT ÊTRE BASÉS SUR DES NOUVELLES ÉCONOMIQUES, DES ANNONCES D'ENTREPRISES, OU DES CHANGEMENTS DANS LES POLITIQUES ÉCONOMIQUES. CERTAINS TRADERS UTILISENT DES SERVICES DE SIGNAL DE TRADING AUTOMATISÉS OU DES ALGORITHMES POUR LES AIDER DANS LEURS DÉCISIONS. BIEN QUE LES TRADING SIGNALS PUISSENT ÊTRE UTILES, ILS NE GARANTISSENT PAS LE SUCCÈS ET DOIVENT ÊTRE UTILISÉS AVEC PRUDENCE, EN TENANT COMPTE DE LA STRATÉGIE DE TRADING GLOBALE ET DE LA GESTION DU RISQUE.

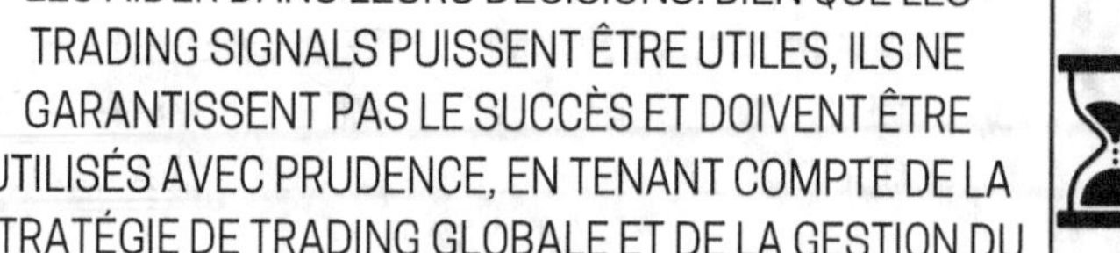

69

WASH TRADING

LE "WASH TRADING" EST UNE PRATIQUE DE MARCHÉ ILLÉGALE OÙ UN TRADER OU UN GROUPE DE TRADERS ACHÈTE ET VEND LE MÊME ACTIF FINANCIER DANS LE BUT DE CRÉER UNE FAUSSE ACTIVITÉ DE MARCHÉ ET DE MANIPULER LES PRIX. CETTE PRATIQUE IMPLIQUE SOUVENT L'EXÉCUTION DE TRANSACTIONS QUI S'ANNULENT MUTUELLEMENT, NE GÉNÉRANT AUCUN CHANGEMENT NET DE POSITION MAIS CRÉANT UNE APPARENCE ARTIFICIELLE DE VOLUME ÉLEVÉ SUR L'ACTIF. LE WASH TRADING PEUT ÊTRE UTILISÉ POUR TROMPER LES AUTRES INVESTISSEURS SUR LA VRAIE DEMANDE POUR UN ACTIF, INFLUENÇANT AINSI LEUR PERCEPTION ET POTENTIELLEMENT LEUR DÉCISION DE TRADING. CETTE TECHNIQUE EST ILLÉGALE CAR ELLE VIOLE LES PRINCIPES DE MARCHÉ ÉQUITABLE ET TRANSPARENT. LES RÉGULATEURS FINANCIERS, TELS QUE LA SECURITIES AND EXCHANGE COMMISSION (SEC) AUX ÉTATS-UNIS, SURVEILLENT ACTIVEMENT ET PUNISSENT SÉVÈREMENT LES PRATIQUES DE WASH TRADING POUR PROTÉGER L'INTÉGRITÉ DES MARCHÉS FINANCIERS.

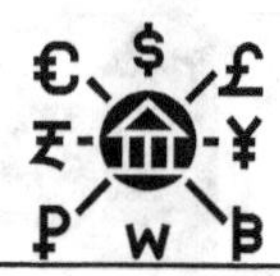

ORDER TYPES

DANS LE TRADING, LES "ORDER TYPES" (TYPES D'ORDRES) SONT DES INSTRUCTIONS DONNÉES PAR LES TRADERS POUR ACHETER OU VENDRE DES ACTIFS SELON DES CONDITIONS SPÉCIFIQUES. PARMI LES TYPES D'ORDRES LES PLUS COURANTS, ON TROUVE LES ORDRES AU MARCHÉ, LES ORDRES LIMITÉS ET LES ORDRES STOP. LES ORDRES AU MARCHÉ SONT EXÉCUTÉS AU MEILLEUR PRIX DISPONIBLE AU MOMENT DE LA TRANSACTION. LES ORDRES LIMITÉS PERMETTENT AUX TRADERS DE SPÉCIFIER LE PRIX AUQUEL ILS SOUHAITENT ACHETER OU VENDRE UN ACTIF, OFFRANT UN CONTRÔLE SUR LE PRIX D'EXÉCUTION. LES ORDRES STOP, ÉGALEMENT CONNUS SOUS LE NOM D'ORDRES STOP-LOSS, SONT DÉCLENCHÉS LORSQU'UN ACTIF ATTEINT UN CERTAIN PRIX ET SONT UTILISÉS POUR LIMITER LES PERTES POTENTIELLES SUR UNE POSITION. LA COMPRÉHENSION ET L'UTILISATION APPROPRIÉE DES DIFFÉRENTS TYPES D'ORDRES PEUVENT AIDER LES TRADERS À METTRE EN ŒUVRE LEURS STRATÉGIES DE MANIÈRE PLUS EFFICACE ET À GÉRER LES RISQUES ASSOCIÉS AU TRADING.

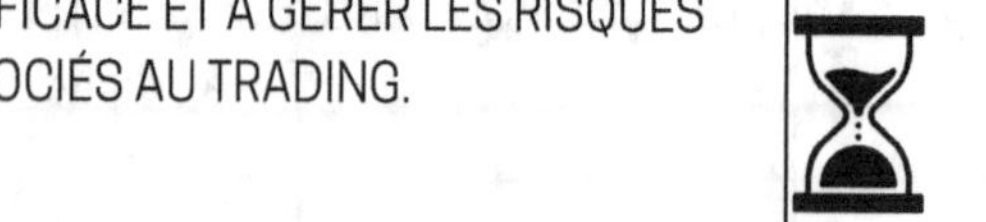

71

BLACK SWAN EVENT

UN "BLACK SWAN EVENT" EST UN TERME UTILISÉ POUR DÉCRIRE UN ÉVÉNEMENT IMPRÉVU, RARE, AYANT DES CONSÉQUENCES MAJEURES ET SOUVENT NÉGATIVES SUR LES MARCHÉS FINANCIERS. LE CONCEPT A ÉTÉ POPULARISÉ PAR L'ÉCRIVAIN NASSIM NICHOLAS TALEB POUR EXPLIQUER LES ÉVÉNEMENTS EXTRÊMES ET IMPRÉVISIBLES EN FINANCE ET EN ÉCONOMIE. CES ÉVÉNEMENTS SONT CARACTÉRISÉS PAR LEUR EXTRÊME RARETÉ, LEUR IMPACT SÉVÈRE ET LE FAIT QU'ILS SONT SOUVENT RATIONALISÉS DE MANIÈRE ERRONÉE APRÈS COUP COMME ÉTANT PRÉVISIBLES. DES EXEMPLES HISTORIQUES INCLUENT LA CRISE FINANCIÈRE DE 2008 ET LES ATTENTATS DU 11 SEPTEMBRE 2001. LES BLACK SWAN EVENTS POSENT UN DÉFI MAJEUR POUR LES TRADERS ET LES INVESTISSEURS, CAR ILS SONT PAR NATURE IMPRÉVISIBLES ET PEUVENT ENTRAÎNER DES PERTURBATIONS IMPORTANTES SUR LES MARCHÉS.

 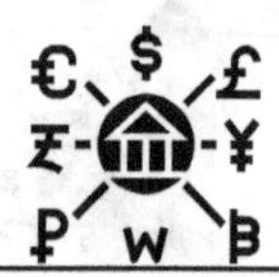  

72

HEDGE FUNDS

LES "HEDGE FUNDS" SONT DES FONDS D'INVESTISSEMENT PRIVÉS QUI UTILISENT UNE GAMME DE STRATÉGIES ET D'INSTRUMENTS FINANCIERS DANS LE BUT DE GÉNÉRER DE HAUTS RENDEMENTS POUR LEURS INVESTISSEURS. CONTRAIREMENT AUX FONDS D'INVESTISSEMENT TRADITIONNELS, LES HEDGE FUNDS SONT SOUVENT MOINS RÉGLEMENTÉS ET PEUVENT INVESTIR DANS UNE PLUS GRANDE VARIÉTÉ D'ACTIFS, Y COMPRIS DES ACTIONS, DES OBLIGATIONS, DES PRODUITS DÉRIVÉS ET DES MATIÈRES PREMIÈRES. ILS EMPLOIENT SOUVENT DES STRATÉGIES COMPLEXES, TELLES QUE LA VENTE À DÉCOUVERT, L'UTILISATION DE L'EFFET DE LEVIER ET LES PARIS SUR DES ÉVÉNEMENTS SPÉCIFIQUES, POUR MAXIMISER LES RENDEMENTS ET/OU RÉDUIRE LE RISQUE. LES HEDGE FUNDS SONT GÉNÉRALEMENT ACCESSIBLES UNIQUEMENT AUX INVESTISSEURS ACCRÉDITÉS ET INSTITUTIONNELS EN RAISON DE LEUR NATURE À HAUT RISQUE ET DE LEURS EXIGENCES DE CAPITAL ÉLEVÉES. BIEN QUE LES HEDGE FUNDS PUISSENT OFFRIR DES RENDEMENTS POTENTIELLEMENT ÉLEVÉS, ILS COMPORTENT DES RISQUES ET DES FRAIS DE GESTION SUBSTANTIELS.

73

CONCOURS TRADING

LES "TRADING COMPETITIONS" SONT DES CONCOURS ORGANISÉS POUR PERMETTRE AUX TRADERS DE TOUS NIVEAUX DE DÉMONTRER LEURS COMPÉTENCES EN TRADING. DANS CES COMPÉTITIONS, LES PARTICIPANTS RIVALISENT POUR ATTEINDRE LES MEILLEURS PERFORMANCES, SOUVENT MESURÉES PAR LE POURCENTAGE DE GAINS SUR LEUR COMPTE DE TRADING VIRTUEL OU RÉEL PENDANT UNE PÉRIODE DÉTERMINÉE. CES CONCOURS PEUVENT ÊTRE ORGANISÉS PAR DES PLATEFORMES DE TRADING EN LIGNE, DES UNIVERSITÉS, OU DES INSTITUTIONS FINANCIÈRES ET OFFRENT SOUVENT DES PRIX ATTRACTIFS POUR LES GAGNANTS. LES TRADING COMPETITIONS SONT NON SEULEMENT UNE OCCASION POUR LES TRADERS DE TESTER ET DE PERFECTIONNER LEURS STRATÉGIES DANS UN ENVIRONNEMENT COMPÉTITIF, MAIS AUSSI UN MOYEN DE GAGNER DE LA RECONNAISSANCE ET POTENTIELLEMENT D'ATTIRER L'ATTENTION DES ENTREPRISES DE TRADING OU DES INVESTISSEURS. CEPENDANT, IL EST IMPORTANT DE NOTER QUE LES STRATÉGIES EMPLOYÉES DANS UN ENVIRONNEMENT DE COMPÉTITION PEUVENT DIFFÉRER DE CELLES UTILISÉES DANS LE TRADING RÉEL EN RAISON DE LEUR NATURE À COURT TERME ET ORIENTÉE VERS LA PERFORMANCE.

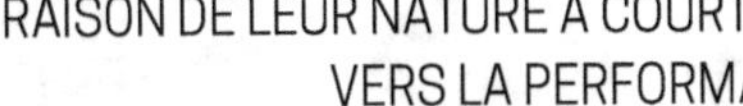

74

RÉGULATION MARCHÉS

LA "RÉGULATION" EST UN ASPECT FONDAMENTAL DES MARCHÉS FINANCIERS, ESSENTIEL POUR PROTÉGER LES INVESTISSEURS ET MAINTENIR L'INTÉGRITÉ ET LA STABILITÉ DU MARCHÉ. LES RÉGULATEURS FINANCIERS, TELS QUE LA SECURITIES AND EXCHANGE COMMISSION (SEC) AUX ÉTATS-UNIS OU LA FINANCIAL CONDUCT AUTHORITY (FCA) AU ROYAUME-UNI, ÉTABLISSENT ET APPLIQUENT DES RÈGLES ET DES NORMES QUE DOIVENT RESPECTER LES PARTICIPANTS AU MARCHÉ. CES RÉGLEMENTATIONS COMPRENNENT LA SURVEILLANCE DES OPÉRATIONS DE MARCHÉ, LA LUTTE CONTRE LA MANIPULATION DE MARCHÉ ET LE TRADING ILLICITE, L'EXIGENCE DE TRANSPARENCE DANS LA DIVULGATION D'INFORMATIONS FINANCIÈRES, ET LA PROTECTION CONTRE LA FRAUDE ET LES ABUS. LA RÉGULATION VISE À CRÉER UN ENVIRONNEMENT DE MARCHÉ JUSTE ET ORDONNÉ, OÙ LES INVESTISSEURS PEUVENT PRENDRE DES DÉCISIONS ÉCLAIRÉES SANS CRAINDRE DES PRATIQUES DÉLOYALES OU ILLÉGALES. BIEN QUE NÉCESSAIRE, LA RÉGLEMENTATION FINANCIÈRE DOIT TROUVER UN ÉQUILIBRE ENTRE LA PROTECTION DES INVESTISSEURS ET LA PROMOTION DE L'INNOVATION ET DE LA CONCURRENCE SUR LES MARCHÉS FINANCIERS.

TRADING DESKS

LES "TRADING DESKS" SONT DES ÉQUIPES SPÉCIALISÉES DE TRADERS TRAVAILLANT AU SEIN D'INSTITUTIONS FINANCIÈRES TELLES QUE LES BANQUES D'INVESTISSEMENT, LES FONDS D'INVESTISSEMENT, OU LES SOCIÉTÉS DE COURTAGE. CES ÉQUIPES SONT CHARGÉES DE L'EXÉCUTION DES TRANSACTIONS EN ACTIONS, OBLIGATIONS, DEVISES, PRODUITS DÉRIVÉS, ET AUTRES INSTRUMENTS FINANCIERS. LES TRADING DESKS JOUENT UN RÔLE CRUCIAL DANS LES MARCHÉS FINANCIERS, CAR ILS SONT RESPONSABLES DE L'EXÉCUTION DES STRATÉGIES DE TRADING, DE LA GESTION DU RISQUE, ET DE LA MAXIMISATION DES PROFITS POUR LEURS CLIENTS OU POUR LEUR PROPRE COMPTE. CHAQUE TRADING DESK SE SPÉCIALISE GÉNÉRALEMENT DANS UN TYPE PARTICULIER D'INSTRUMENT FINANCIER OU DE MARCHÉ, ET UTILISE DES TECHNOLOGIES AVANCÉES ET DES ANALYSES DE MARCHÉ POUR PRENDRE DES DÉCISIONS DE TRADING. LES TRADERS DE CES ÉQUIPES DOIVENT NON SEULEMENT AVOIR UNE COMPRÉHENSION APPROFONDIE DES MARCHÉS FINANCIERS, MAIS AUSSI ÊTRE CAPABLES DE PRENDRE DES DÉCISIONS RAPIDES ET PRÉCISES DANS UN ENVIRONNEMENT SOUVENT RAPIDE ET À HAUTE PRESSION.

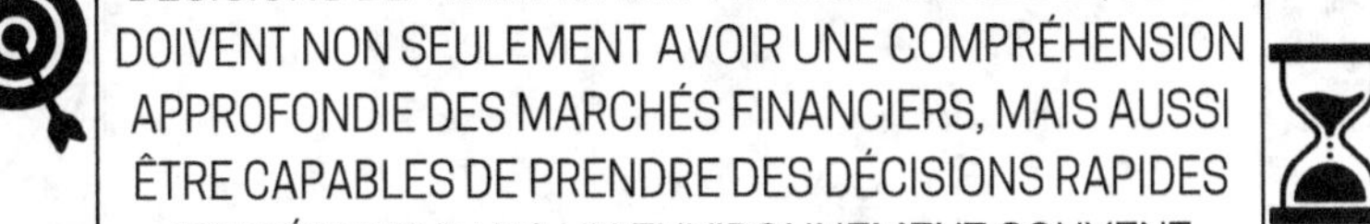

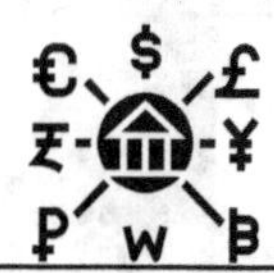

76

T+2 SETTLEMENT

LE "T+2 SETTLEMENT" DÉSIGNE LE DÉLAI STANDARD POUR LE RÈGLEMENT D'UNE TRANSACTION BOURSIÈRE, QUI EST DE DEUX JOURS OUVRABLES APRÈS LA DATE DE L'ÉCHANGE (TRANSACTION DAY + 2 JOURS). CE STANDARD EST APPLIQUÉ DANS LA PLUPART DES MARCHÉS BOURSIERS MONDIAUX. LORSQU'UN INVESTISSEUR ACHÈTE OU VEND DES ACTIONS, LE TRANSFERT OFFICIEL DE L'ARGENT ET DES TITRES ENTRE L'ACHETEUR ET LE VENDEUR SE FAIT DANS CE DÉLAI DE DEUX JOURS. LE SYSTÈME T+2 VISE À ACCROÎTRE L'EFFICACITÉ ET À RÉDUIRE LES RISQUES DANS LES TRANSACTIONS BOURSIÈRES. CE DÉLAI PERMET DE TEMPS NÉCESSAIRE AUX PARTIES IMPLIQUÉES POUR FINALISER LE RÈGLEMENT, CE QUI COMPREND LA CONFIRMATION DES DÉTAILS DE LA TRANSACTION, LA PRÉPARATION DES DOCUMENTS NÉCESSAIRES ET LA RÉALISATION DES TRANSFERTS DE FONDS ET DE TITRES.

HEURES TRADING

LES "TRADING HOURS" OU HEURES DE TRADING, VARIENT CONSIDÉRABLEMENT D'UN MARCHÉ FINANCIER À L'AUTRE. LES BOURSES TRADITIONNELLES, COMME LE NEW YORK STOCK EXCHANGE (NYSE) OU LE LONDON STOCK EXCHANGE (LSE), ONT DES HORAIRES DE TRADING SPÉCIFIQUES DURANT LES JOURS OUVRABLES. CES HEURES SONT GÉNÉRALEMENT EN JOURNÉE, SUIVANT L'HEURE LOCALE DU MARCHÉ. EN REVANCHE, CERTAINS MARCHÉS, COMME LE FOREX (MARCHÉ DES CHANGES) ET LES MARCHÉS DE CRYPTOMONNAIES, SONT OUVERTS 24 HEURES SUR 24. LE FOREX FONCTIONNE CINQ JOURS PAR SEMAINE ET SUIT LES FUSEAUX HORAIRES À TRAVERS LE MONDE, PERMETTANT LE TRADING CONTINU À MESURE QUE LES MARCHÉS OUVRENT ET FERMENT DANS DIFFÉRENTES RÉGIONS. CETTE DISPONIBILITÉ 24/7 OFFRE UNE FLEXIBILITÉ ACCRUE, PERMETTANT AUX TRADERS DE RÉAGIR IMMÉDIATEMENT AUX NOUVELLES ÉCONOMIQUES ET AUX ÉVÉNEMENTS MONDIAUX, MAIS NÉCESSITE ÉGALEMENT UNE GESTION ATTENTIVE DES STRATÉGIES DE TRADING POUR NAVIGUER DANS CES MARCHÉS PRATIQUEMENT ININTERROMPUS.

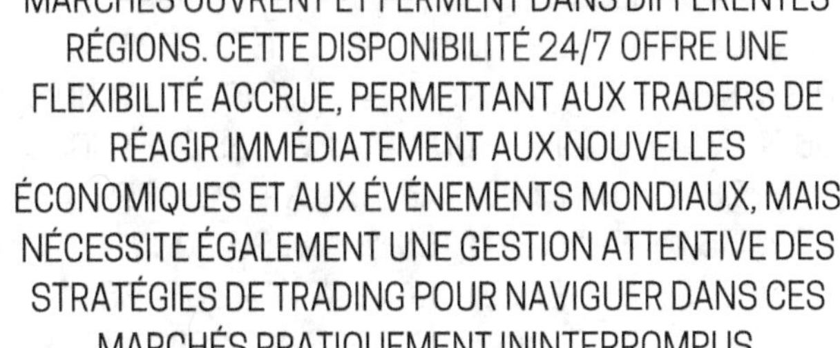

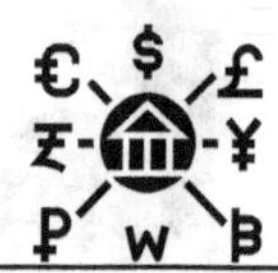

CRYPTO EXCHANGES

LES "CRYPTO EXCHANGES" SONT DES PLATEFORMES EN LIGNE QUI FACILITENT L'ACHAT, LA VENTE ET LE TRADING DE CRYPTOMONNAIES, COMME LE BITCOIN, L'ETHEREUM ET D'AUTRES ALTCOINS. CES PLATEFORMES FONCTIONNENT COMME DES BOURSES TRADITIONNELLES, OFFRANT DES INTERFACES OÙ LES UTILISATEURS PEUVENT EFFECTUER DES TRANSACTIONS DE CRYPTOMONNAIES. ILS PROPOSENT DIVERSES FONCTIONNALITÉS, TELLES QUE LES ÉCHANGES DE CRYPTO À CRYPTO, LES ÉCHANGES DE CRYPTO À MONNAIE FIDUCIAIRE, LES PORTEFEUILLES NUMÉRIQUES POUR STOCKER LES CRYPTOMONNAIES, ET PARFOIS MÊME DES OPTIONS DE TRADING À EFFET DE LEVIER. LES CRYPTO EXCHANGES VARIENT EN TERMES DE SÉCURITÉ, DE FRAIS DE TRANSACTION, DE FACILITÉ D'UTILISATION ET DE VARIÉTÉ D'ACTIFS DISPONIBLES. CERTAINS SONT RÉGLEMENTÉS TANDIS QUE D'AUTRES NON, CE QUI SOULÈVE DES QUESTIONS DE SÉCURITÉ ET DE FIABILITÉ. LA POPULARITÉ CROISSANTE DES CRYPTOMONNAIES A CONDUIT À L'ÉMERGENCE D'UN GRAND NOMBRE DE CES PLATEFORMES, CHACUNE CHERCHANT À OFFRIR DES SERVICES UNIQUES POUR ATTIRER LES UTILISATEURS DANS UN MARCHÉ EN RAPIDE ÉVOLUTION.

STOCK SCREENERS

LES "STOCK SCREENERS" SONT DES OUTILS NUMÉRIQUES UTILISÉS PAR LES INVESTISSEURS POUR FILTRER ET SÉLECTIONNER DES ACTIONS SELON DES CRITÈRES SPÉCIFIQUES. CES CRITÈRES PEUVENT INCLURE DES INDICATEURS FINANCIERS TELS QUE LE RATIO COURS/BÉNÉFICE, LA CAPITALISATION BOURSIÈRE, LE RENDEMENT DES DIVIDENDES, LA PERFORMANCE HISTORIQUE DES PRIX, ET BIEN D'AUTRES. LES STOCK SCREENERS PERMETTENT AUX INVESTISSEURS DE RÉALISER UNE ANALYSE RAPIDE ET EFFICACE D'UN GRAND NOMBRE D'ACTIONS POUR IDENTIFIER CELLES QUI CORRESPONDENT À LEUR STRATÉGIE D'INVESTISSEMENT ET À LEURS OBJECTIFS FINANCIERS. CES OUTILS SONT PARTICULIÈREMENT UTILES POUR LES INVESTISSEURS QUI GÈRENT ACTIVEMENT LEURS PORTEFEUILLES OU RECHERCHENT DES OPPORTUNITÉS D'INVESTISSEMENT SPÉCIFIQUES. ILS AIDENT À RATIONALISER LE PROCESSUS DE SÉLECTION D'ACTIONS EN ÉLIMINANT LES OPTIONS QUI NE RÉPONDENT PAS AUX CRITÈRES DÉFINIS, CE QUI ÉCONOMISE DU TEMPS ET DES EFFORTS.

80

FRONT RUNNING

LE "FRONT RUNNING" EST UNE PRATIQUE ILLÉGALE DANS LAQUELLE UN COURTIER OU UN TRADER EXÉCUTE DES ORDRES SUR LA BASE D'INFORMATIONS NON PUBLIQUES AVANT QUE CES ORDRES NE SOIENT EXÉCUTÉS POUR LE COMPTE D'UN CLIENT. CELA SE PRODUIT GÉNÉRALEMENT LORSQUE LE COURTIER A CONNAISSANCE D'UN GRAND ORDRE DE CLIENT QUI VA INFLUENCER LE PRIX D'UNE ACTION ET UTILISE CETTE INFORMATION POUR SON PROPRE BÉNÉFICE. PAR EXEMPLE, SI UN COURTIER SAIT QU'UN GRAND ORDRE D'ACHAT EST SUR LE POINT D'ÊTRE PLACÉ, IL PEUT ACHETER DES ACTIONS POUR SON COMPTE AVANT D'EXÉCUTER L'ORDRE DU CLIENT, PUIS VENDRE LES ACTIONS À UN PRIX PLUS ÉLEVÉ APRÈS QUE L'ORDRE DU CLIENT AIT FAIT MONTER LE PRIX. LE FRONT RUNNING EST CONSIDÉRÉ COMME UNE FORME DE MANIPULATION DE MARCHÉ ET UNE VIOLATION DE LA CONFIANCE DU CLIENT, CAR IL MET LES INTÉRÊTS DU COURTIER AVANT CEUX DU CLIENT ET COMPROMET L'ÉQUITÉ DU MARCHÉ. LES RÉGULATEURS FINANCIERS TELS QUE LA SEC AUX ÉTATS-UNIS IMPOSENT DES SANCTIONS SÉVÈRES POUR DISSUADER CETTE PRATIQUE.

81

COMMISSIONS TRADING

LES "COMMISSIONS" SONT DES FRAIS QUE LES COURTIERS EN BOURSE FACTURENT À LEURS CLIENTS POUR L'EXÉCUTION DES ORDRES DE TRADING. CES FRAIS PEUVENT VARIER SELON LE TYPE DE SERVICE OFFERT, LE VOLUME DE L'ORDRE, OU LA NATURE DE L'INSTRUMENT FINANCIER ÉCHANGÉ. LES COMMISSIONS SONT UNE SOURCE DE REVENU IMPORTANTE POUR LES COURTIERS ET PEUVENT INFLUENCER LE COÛT GLOBAL DU TRADING POUR L'INVESTISSEUR. AVEC L'ÉMERGENCE DES PLATEFORMES DE TRADING EN LIGNE, DE NOMBREUX COURTIERS ONT RÉDUIT OU MÊME ÉLIMINÉ LEURS COMMISSIONS SUR CERTAINS TYPES DE TRANSACTIONS, NOTAMMENT LES TRANSACTIONS D'ACTIONS ET D'ETF, POUR RESTER COMPÉTITIFS. CEPENDANT, D'AUTRES TYPES DE TRANSACTIONS, COMME LE TRADING D'OPTIONS OU DE PRODUITS DÉRIVÉS, PEUVENT ENCORE IMPLIQUER DES COMMISSIONS. IL EST ESSENTIEL POUR LES INVESTISSEURS DE COMPRENDRE LA STRUCTURE DES COMMISSIONS D'UN COURTIER ET DE TENIR COMPTE DE CES COÛTS LORS DE LA PLANIFICATION DE LEURS STRATÉGIES DE TRADING ET DE L'ÉVALUATION DE LA RENTABILITÉ DE LEURS INVESTISSEMENTS.

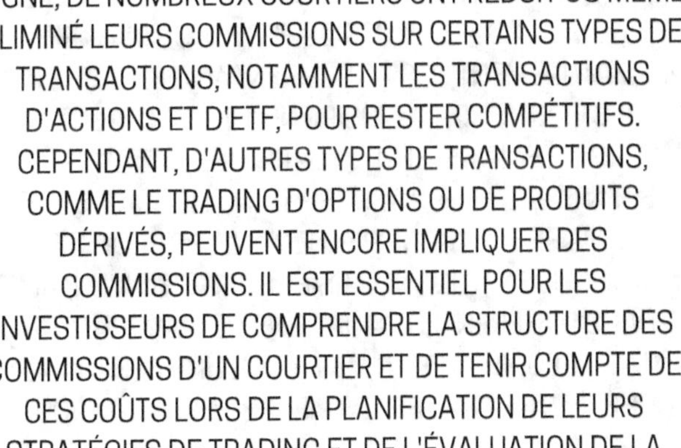

ÉMOTIONS TRADING

LA "TRADING PSYCHOLOGY" SE RÉFÈRE À L'ÉTUDE DES ÉMOTIONS ET DES COMPORTEMENTS DES TRADERS ET DE LEUR INFLUENCE SUR LES DÉCISIONS DE TRADING. CETTE BRANCHE DE LA PSYCHOLOGIE SE CONCENTRE SUR LA MANIÈRE DONT LES FACTEURS PSYCHOLOGIQUES TELS QUE LA PEUR, LA CUPIDITÉ, L'ESPOIR ET LE STRESS AFFECTENT LES CHOIX DE TRADING DES INVESTISSEURS. LA PSYCHOLOGIE DU TRADING EST CRUCIALE CAR MÊME AVEC UNE STRATÉGIE SOLIDE, LES ÉMOTIONS PEUVENT CONDUIRE À DES DÉCISIONS IMPULSIVES OU IRRATIONNELLES, COMME POURSUIVRE DES PERTES OU VENDRE PRÉMATURÉMENT DES ACTIFS RENTABLES. LA GESTION DES ÉMOTIONS, LA DISCIPLINE, ET LA CAPACITÉ À MAINTENIR UN ÉTAT D'ESPRIT OBJECTIF SONT ESSENTIELLES POUR RÉUSSIR DANS LE TRADING. LES TRADERS QUI COMPRENNENT LEURS PROPRES RÉACTIONS ÉMOTIONNELLES ET COMPORTEMENTALES DANS DIFFÉRENTES SITUATIONS DE MARCHÉ SONT MIEUX ÉQUIPÉS POUR MAINTENIR UNE APPROCHE COHÉRENTE ET ÉVITER LES PIÈGES PSYCHOLOGIQUES COURANTS.

CURRENCY PAIRS

UN "CURRENCY PAIR" OU PAIRE DE DEVISES, EST L'UNITÉ DE BASE DU TRADING SUR LE MARCHÉ DES CHANGES (FOREX). CHAQUE PAIRE DE DEVISES REPRÉSENTE LA VALEUR D'UNE DEVISE PAR RAPPORT À UNE AUTRE. PAR EXEMPLE, DANS LA PAIRE EUR/USD, L'EURO (EUR) EST LA DEVISE DE BASE ET LE DOLLAR AMÉRICAIN (USD) EST LA DEVISE DE COTATION. SI EUR/USD EST COTÉ À 1.20, CELA SIGNIFIE QU'UN EURO VAUT 1.20 DOLLAR AMÉRICAIN. LES TRADERS SUR LE FOREX ACHÈTENT ET VENDENT CES PAIRES POUR PROFITER DES FLUCTUATIONS DE LA VALEUR DES DEVISES, QUI SONT INFLUENCÉES PAR DES FACTEURS ÉCONOMIQUES, POLITIQUES ET GÉOPOLITIQUES. LES PAIRES DE DEVISES SONT GÉNÉRALEMENT DIVISÉES EN "MAJORS", "MINORS" ET "EXOTICS", EN FONCTION DE LEUR LIQUIDITÉ ET DE LEUR POPULARITÉ SUR LE MARCHÉ.

84

STOCK BUYBACKS

LES "STOCK BUYBACKS" OU RACHATS D'ACTIONS SONT UNE STRATÉGIE FINANCIÈRE OÙ UNE ENTREPRISE RACHÈTE SES PROPRES ACTIONS SUR LE MARCHÉ, RÉDUISANT AINSI LE NOMBRE D'ACTIONS EN CIRCULATION. CETTE PRATIQUE PEUT ÊTRE UTILISÉE PAR UNE ENTREPRISE POUR INVESTIR EN ELLE-MÊME, EN SIGNALANT LA CONFIANCE DANS SA PROPRE VALEUR FUTURE. LES RACHATS D'ACTIONS PEUVENT AUGMENTER LE BÉNÉFICE PAR ACTION (BPA) ET, POTENTIELLEMENT, LA VALEUR DE L'ACTION, PUISQU'IL Y A MOINS D'ACTIONS EN CIRCULATION AVEC LESQUELLES PARTAGER LES BÉNÉFICES. DE PLUS, LES RACHATS PEUVENT ÊTRE PRÉFÉRÉS À LA DISTRIBUTION DE DIVIDENDES COMME MOYEN DE RETOURNER DE LA VALEUR AUX ACTIONNAIRES, CAR ILS OFFRENT UNE FLEXIBILITÉ FISCALE. CEPENDANT, LES RACHATS D'ACTIONS SONT PARFOIS CRITIQUÉS, NOTAMMENT LORSQUE LES ENTREPRISES LES UTILISENT POUR ARTIFICIELLEMENT GONFLER LE PRIX DES ACTIONS OU LORSQUE LES FONDS POURRAIENT ÊTRE MIEUX UTILISÉS POUR DES INVESTISSEMENTS À LONG TERME DANS L'ENTREPRISE. LES DÉCISIONS DE RACHAT D'ACTIONS DOIVENT ÊTRE CONSIDÉRÉES DANS LE CONTEXTE DE LA STRATÉGIE FINANCIÈRE GLOBALE DE L'ENTREPRISE ET DE SES PERSPECTIVES À LONG TERME.

85

RISK-ON, RISK-OFF

LA STRATÉGIE "RISK-ON, RISK-OFF" EST UN CONCEPT D'INVESTISSEMENT QUI REFLÈTE L'APPÉTIT GÉNÉRAL POUR LE RISQUE SUR LES MARCHÉS FINANCIERS. DANS UN ENVIRONNEMENT "RISK-ON", LES INVESTISSEURS SONT GÉNÉRALEMENT PLUS DISPOSÉS À PRENDRE DES RISQUES, ATTIRÉS PAR LA PERSPECTIVE DE RENDEMENTS PLUS ÉLEVÉS. PENDANT CES PÉRIODES, ON OBSERVE SOUVENT UNE AUGMENTATION DES INVESTISSEMENTS DANS DES ACTIFS CONSIDÉRÉS COMME PLUS RISQUÉS, TELS QUE LES ACTIONS, LES MATIÈRES PREMIÈRES ET LES DEVISES DES MARCHÉS ÉMERGENTS. EN REVANCHE, DANS UN CLIMAT "RISK-OFF", LES INVESTISSEURS DEVIENNENT PLUS PRUDENTS, PRIVILÉGIANT LA SÉCURITÉ ET LA PRÉSERVATION DU CAPITAL. CELA SE TRADUIT GÉNÉRALEMENT PAR UNE AUGMENTATION DES INVESTISSEMENTS DANS DES ACTIFS CONSIDÉRÉS COMME PLUS SÛRS, COMME LES BONS DU TRÉSOR, L'OR ET LES DEVISES FORTES COMME LE DOLLAR AMÉRICAIN. CETTE DYNAMIQUE EST SOUVENT INFLUENCÉE PAR DES ÉVÉNEMENTS ÉCONOMIQUES MONDIAUX, DES CRISES POLITIQUES OU DES CHANGEMENTS DANS LES POLITIQUES MONÉTAIRES.

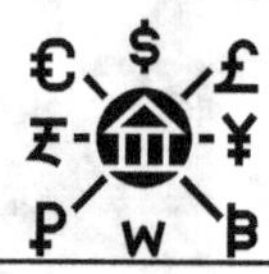

FRAIS TRADING

LES "TRADING FEES" OU FRAIS DE TRADING, SONT LES COÛTS ASSOCIÉS À L'EXÉCUTION D'ORDRES DE TRADING SUR LES MARCHÉS FINANCIERS. CES FRAIS VARIENT SELON LE COURTIER, LE TYPE DE COMPTE, ET LA NATURE DE L'ORDRE DE TRADING. LES FRAIS DE TRADING PEUVENT INCLURE DES COMMISSIONS, QUI SONT DES FRAIS PRÉLEVÉS PAR UN COURTIER POUR L'EXÉCUTION D'ACHATS OU DE VENTES D'ACTIFS, AINSI QUE DES SPREADS, QUI SONT LA DIFFÉRENCE ENTRE LE PRIX D'ACHAT (ASK) ET LE PRIX DE VENTE (BID) D'UN ACTIF. D'AUTRES FRAIS PEUVENT INCLURE DES FRAIS DE TENUE DE COMPTE, DES FRAIS POUR L'UTILISATION DE CERTAINES PLATEFORMES DE TRADING OU DES SERVICES SUPPLÉMENTAIRES, ET DES FRAIS DE TRANSACTION POUR LES RETRAITS OU LES TRANSFERTS. IL EST IMPORTANT POUR LES TRADERS DE BIEN COMPRENDRE LA STRUCTURE DES FRAIS DE LEUR COURTIER, CAR CES COÛTS PEUVENT AVOIR UN IMPACT SIGNIFICATIF SUR LA RENTABILITÉ GLOBALE DU TRADING.

87

PLATEFORMES TRADING

LES "TRADING PLATFORMS" SONT DES LOGICIELS OU DES APPLICATIONS EN LIGNE UTILISÉS PAR LES TRADERS POUR PASSER DES ORDRES, SURVEILLER LES MARCHÉS FINANCIERS ET ANALYSER LES DONNÉES DE TRADING. CES PLATEFORMES OFFRENT DIVERS OUTILS ET FONCTIONNALITÉS, TELS QUE DES GRAPHIQUES DE PRIX EN TEMPS RÉEL, DES OUTILS D'ANALYSE TECHNIQUE, DES ACTUALITÉS DE MARCHÉ, ET PARFOIS DES FONCTIONS DE TRADING AUTOMATISÉ. LES PLATEFORMES DE TRADING VARIENT EN TERMES DE COMPLEXITÉ ET DE FONCTIONNALITÉS OFFERTES, ALLANT DES VERSIONS BASIQUES ADAPTÉES AUX TRADERS DÉBUTANTS AUX PLATEFORMES AVANCÉES CONÇUES POUR LES TRADERS PROFESSIONNELS. ELLES PEUVENT ÉGALEMENT DIFFÉRER EN TERMES DE TYPES D'ACTIFS DISPONIBLES POUR LE TRADING, TELS QUE LES ACTIONS, LES OBLIGATIONS, LES DEVISES (FOREX), LES CRYPTOMONNAIES, ET LES PRODUITS DÉRIVÉS. LE CHOIX D'UNE PLATEFORME DE TRADING APPROPRIÉE DÉPEND DES BESOINS, DES PRÉFÉRENCES ET DE L'EXPÉRIENCE DU TRADER.

DODD-FRANK ACT

LE "DODD-FRANK WALL STREET REFORM AND CONSUMER PROTECTION ACT", PLUS COMMUNÉMENT APPELÉ LE "DODD-FRANK ACT", EST UNE LOI FÉDÉRALE AMÉRICAINE PROMULGUÉE EN RÉPONSE À LA CRISE FINANCIÈRE DE 2008. CETTE LÉGISLATION VISE À RÉDUIRE LES RISQUES DANS LE SYSTÈME FINANCIER AMÉRICAIN EN IMPOSANT UNE RÉGLEMENTATION PLUS STRICTE DES BANQUES ET D'AUTRES INSTITUTIONS FINANCIÈRES. LE DODD-FRANK ACT A INTRODUIT PLUSIEURS MESURES CLÉS, TELLES QUE LA SURVEILLANCE ACCRUE DES INSTITUTIONS FINANCIÈREMENT IMPORTANTES POUR ÉVITER LE RISQUE DE "TROP GROSSES POUR FAIRE FAILLITE", LA CRÉATION DE L'AGENCE DE PROTECTION FINANCIÈRE DES CONSOMMATEURS (CFPB) POUR PROTÉGER LES CONSOMMATEURS CONTRE LES PRATIQUES ABUSIVES DE PRÊT, ET LA MISE EN ŒUVRE DE NOUVELLES EXIGENCES EN MATIÈRE DE TRANSPARENCE ET DE RESPONSABILITÉ POUR LES PRODUITS FINANCIERS DÉRIVÉS. L'OBJECTIF DE LA LOI EST DE PRÉVENIR UNE AUTRE CRISE FINANCIÈRE EN AUGMENTANT LA RÉGLEMENTATION ET LA SURVEILLANCE DU SECTEUR FINANCIER ET EN PROTÉGEANT LES CONSOMMATEURS.

89

BLOCK TRADES

LES "BLOCK TRADES" SONT DE GRANDES TRANSACTIONS DE TITRES FINANCIERS, TELLES QUE LES ACTIONS OU LES OBLIGATIONS, EFFECTUÉES EN DEHORS DES MARCHÉS OUVERTS TRADITIONNELS. CES TRANSACTIONS IMPLIQUENT GÉNÉRALEMENT UN VOLUME IMPORTANT DE TITRES ÉCHANGÉS ENTRE DEUX PARTIES, SOUVENT À UN PRIX NÉGOCIÉ À L'AVANCE. LES BLOCK TRADES SONT TYPIQUEMENT RÉALISÉS PAR DES INVESTISSEURS INSTITUTIONNELS, COMME DES FONDS D'INVESTISSEMENT OU DES FONDS DE PENSION, ET SONT SOUVENT FACILITÉS PAR DES COURTIERS EN VALEURS MOBILIÈRES. L'AVANTAGE DE CES TRANSACTIONS EST QU'ELLES PERMETTENT DE NÉGOCIER DE GRANDS VOLUMES SANS INFLUENCER DE MANIÈRE SIGNIFICATIVE LE PRIX DU MARCHÉ DU TITRE EN QUESTION, CE QUI POURRAIT SE PRODUIRE SI LA TRANSACTION ÉTAIT EFFECTUÉE SUR UN MARCHÉ PUBLIC. CEPENDANT, EN RAISON DE LEUR NATURE PRIVÉE ET DE LEUR TAILLE, LES BLOCK TRADES PEUVENT NÉCESSITER UNE ATTENTION PARTICULIÈRE EN TERMES DE PRIX ET DE RÉGLEMENTATION.

CTA MATIÈRES PREMIÈRES

UN "COMMODITY TRADING ADVISOR" (CTA) EST UN PROFESSIONNEL FINANCIER QUI DONNE DES CONSEILS ET GÈRE LES COMPTES DE TRADING SPÉCIALISÉS DANS LES MATIÈRES PREMIÈRES. LES CTAS SONT GÉNÉRALEMENT SPÉCIALISÉS DANS LE TRADING DE CONTRATS À TERME, D'OPTIONS SUR MATIÈRES PREMIÈRES ET D'AUTRES INSTRUMENTS FINANCIERS DÉRIVÉS. ILS UTILISENT UNE VARIÉTÉ DE STRATÉGIES DE TRADING, Y COMPRIS L'ANALYSE TECHNIQUE ET FONDAMENTALE, POUR ESSAYER DE RÉALISER DES BÉNÉFICES SUR LES MARCHÉS DES MATIÈRES PREMIÈRES, QUI PEUVENT INCLURE TOUT, DE L'OR ET DU PÉTROLE AUX PRODUITS AGRICOLES COMME LE BLÉ OU LE SOJA. LES CTAS SONT SOUVENT UTILISÉS PAR LES INVESTISSEURS POUR DIVERSIFIER LEURS PORTEFEUILLES, CAR LES MATIÈRES PREMIÈRES PEUVENT SE COMPORTER DIFFÉREMMENT DES ACTIONS ET DES OBLIGATIONS. LES CLIENTS DES CTAS PEUVENT INCLURE DES INVESTISSEURS INDIVIDUELS, DES FONDS DE PENSION ET D'AUTRES INSTITUTIONS. COMME POUR TOUTE FORME DE TRADING SPÉCIALISÉ, INVESTIR AVEC UN CTA IMPLIQUE DES RISQUES, ET IL EST IMPORTANT DE BIEN COMPRENDRE CES RISQUES AVANT D'INVESTIR.

FLASH CRASHES

LES "FLASH CRASHES" SONT DES ÉVÉNEMENTS EXTRÊMES SUR LES MARCHÉS FINANCIERS OÙ LES PRIX DES ACTIFS CHUTENT DE MANIÈRE RAPIDE ET SIGNIFICATIVE, POUR ENSUITE SOUVENT SE REDRESSER TOUT AUSSI RAPIDEMENT. CES CHUTES SOUDAINES PEUVENT ÊTRE CAUSÉES PAR DES ERREURS DE TRADING ALGORITHMIQUE, DES RÉACTIONS EN CHAÎNE DUES À DES ORDRES STOP-LOSS AUTOMATISÉS, OU DES RÉPONSES PANIQUÉES À DES NOUVELLES ÉCONOMIQUES OU POLITIQUES IMPORTANTES. LES FLASH CRASHES SONT NOTABLES POUR LEUR RAPIDITÉ ET LEUR NATURE APPAREMMENT IMPRÉVISIBLE. ILS SOULIGNENT LES RISQUES POTENTIELS LIÉS À LA NÉGOCIATION AUTOMATISÉE ET À LA GRANDE INTERCONNEXION DES MARCHÉS FINANCIERS MODERNES. BIEN QUE CES ÉVÉNEMENTS SOIENT GÉNÉRALEMENT DE COURTE DURÉE, ILS PEUVENT CAUSER UNE VOLATILITÉ SIGNIFICATIVE SUR LES MARCHÉS ET AFFECTER LA CONFIANCE DES INVESTISSEURS.

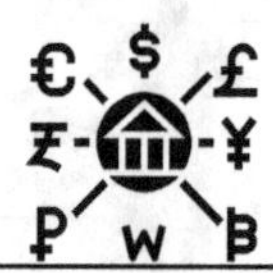

92

GURUS TRADING

LES "TRADING GURUS" SONT DES TRADERS EXPÉRIMENTÉS ET SOUVENT CÉLÈBRES QUI PARTAGENT LEURS STRATÉGIES, CONSEILS ET CONNAISSANCES SUR LE TRADING AVEC D'AUTRES. CES EXPERTS PEUVENT OFFRIR DES INSIGHTS BASÉS SUR DES ANNÉES D'EXPÉRIENCE DANS LES MARCHÉS FINANCIERS, COUVRANT DIVERSES APPROCHES TELLES QUE LE TRADING D'ACTIONS, LE FOREX, LES OPTIONS ET LES CRYPTOMONNAIES. LES TRADING GURUS PARTAGENT SOUVENT LEUR EXPERTISE À TRAVERS DES LIVRES, DES SÉMINAIRES, DES COURS EN LIGNE, DES BLOGS ET DES PLATEFORMES DE MÉDIAS SOCIAUX. BIEN QUE SUIVRE LES CONSEILS D'UN GURU PUISSE ÊTRE INSTRUCTIF, IL EST IMPORTANT POUR LES TRADERS, EN PARTICULIER LES DÉBUTANTS, DE SE RAPPELER QUE LES STRATÉGIES QUI FONCTIONNENT POUR UNE PERSONNE NE SONT PAS NÉCESSAIREMENT TRANSFÉRABLES OU ADAPTÉES À TOUS. DE PLUS, IL EST ESSENTIEL D'ABORDER LES CONSEILS DE TRADING AVEC UN ESPRIT CRITIQUE ET DE NE PAS SUIVRE AVEUGLÉMENT LES RECOMMANDATIONS SANS UNE ANALYSE ET UNE COMPRÉHENSION PROPRES.

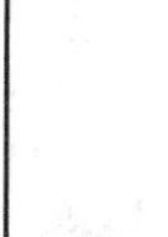

93

MANIPULATION MARCHÉS

LA "MARKET MANIPULATION" EST UNE ACTIVITÉ ILLÉGALE QUI IMPLIQUE DES TENTATIVES DÉLIBÉRÉES D'INFLUENCER ARTIFICIELLEMENT LES PRIX DES ACTIFS SUR LES MARCHÉS FINANCIERS. CETTE MANIPULATION PEUT PRENDRE PLUSIEURS FORMES, TELLES QUE LA DIFFUSION DE FAUSSES INFORMATIONS POUR INFLUENCER LES PRIX DES ACTIONS (PUMP AND DUMP), L'EXÉCUTION DE TRANSACTIONS FICTIVES POUR CRÉER UNE FAUSSE IMPRESSION DE L'ACTIVITÉ DU MARCHÉ (WASH TRADING), OU LE FRONT RUNNING. CES PRATIQUES SONT CONSIDÉRÉES COMME ILLÉGALES CAR ELLES COMPROMETTENT L'INTÉGRITÉ ET L'ÉQUITÉ DES MARCHÉS FINANCIERS, TROMPENT LES INVESTISSEURS ET FAUSSENT LES MÉCANISMES NORMAUX DE L'OFFRE ET DE LA DEMANDE. LES RÉGULATEURS FINANCIERS À TRAVERS LE MONDE, TELS QUE LA SECURITIES AND EXCHANGE COMMISSION (SEC) AUX ÉTATS-UNIS, SURVEILLENT ACTIVEMENT LES MARCHÉS POUR DÉTECTER ET PUNIR LA MANIPULATION DE MARCHÉ AFIN DE PROTÉGER LES INVESTISSEURS ET DE MAINTENIR LA CONFIANCE DANS LE SYSTÈME FINANCIER.

94

WALLETS CRYPTOS

LES "CRYPTOCURRENCY WALLETS" SONT DES OUTILS NUMÉRIQUES CONÇUS POUR STOCKER, ENVOYER ET RECEVOIR DES CRYPTOMONNAIES DE MANIÈRE SÉCURISÉE. CES PORTEFEUILLES PEUVENT ÊTRE SOUS FORME DE LOGICIELS (PORTEFEUILLES EN LIGNE, MOBILES OU DE BUREAU) OU DE MATÉRIEL (PORTEFEUILLES PHYSIQUES, SOUVENT SOUS FORME DE DISPOSITIFS USB). LES WALLETS CRYPTOGRAPHIQUES NE STOCKENT PAS PHYSIQUEMENT LES MONNAIES, MAIS PLUTÔT LES CLÉS PRIVÉES ET PUBLIQUES NÉCESSAIRES POUR EFFECTUER DES TRANSACTIONS SUR LA BLOCKCHAIN. LA CLÉ PRIVÉE, QUI DOIT RESTER SECRÈTE, EST ESSENTIELLE POUR ACCÉDER ET CONTRÔLER LES FONDS, TANDIS QUE LA CLÉ PUBLIQUE EST UTILISÉE POUR RECEVOIR DES FONDS. LA SÉCURITÉ DES CRYPTOCURRENCY WALLETS EST CRUCIALE, CAR LA PERTE DE LA CLÉ PRIVÉE OU SON ACCÈS PAR DES TIERS NON AUTORISÉS PEUT ENTRAÎNER LA PERTE IRRÉVERSIBLE DES CRYPTOMONNAIES STOCKÉES. LA GESTION SÉCURISÉE DES PORTEFEUILLES DE CRYPTOMONNAIES EST DONC UN ASPECT FONDAMENTAL DE L'UTILISATION ET DE L'INVESTISSEMENT DANS LES ACTIFS NUMÉRIQUES.

95

GESTION RISQUES

LE "RISK MANAGEMENT" OU GESTION DU RISQUE, EST UN ASPECT FONDAMENTAL DU TRADING, IMPLIQUANT L'IDENTIFICATION, L'ÉVALUATION ET LA MISE EN ŒUVRE DE STRATÉGIES POUR MINIMISER LES RISQUES FINANCIERS. UN BON RISK MANAGEMENT PERMET AUX TRADERS DE LIMITER LEURS PERTES POTENTIELLES ET DE PROTÉGER LEUR CAPITAL. PARMI LES STRATÉGIES COURANTES DE GESTION DU RISQUE, ON TROUVE L'UTILISATION D'ORDRES STOP-LOSS POUR LIMITER LES PERTES SUR UNE POSITION, LA DIVERSIFICATION DU PORTEFEUILLE POUR RÉDUIRE L'EXPOSITION À UN SEUL ACTIF OU MARCHÉ, ET LA DÉFINITION DE LIMITES SUR LE MONTANT DE CAPITAL RISQUÉ SUR UNE TRANSACTION OU UNE PÉRIODE DONNÉE. LA GESTION DU RISQUE IMPLIQUE ÉGALEMENT UNE COMPRÉHENSION APPROFONDIE DE LA TOLÉRANCE AU RISQUE DU TRADER ET DES CONDITIONS DE MARCHÉ. UNE GESTION EFFICACE DU RISQUE EST ESSENTIELLE POUR LE SUCCÈS À LONG TERME DANS LE TRADING, CAR ELLE AIDE À PRÉSERVER LE CAPITAL ET À MAINTENIR UNE APPROCHE DE TRADING DISCIPLINÉE.

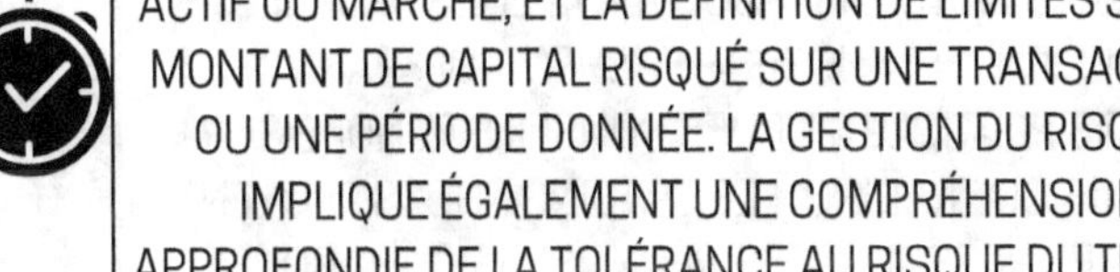

LIVRES TRADING

LES "TRADING BOOKS" SONT DES OUVRAGES ÉCRITS PAR DES EXPERTS EN TRADING QUI VISENT À ENSEIGNER DIVERSES STRATÉGIES DE TRADING ET COMPÉTENCES ESSENTIELLES AUX TRADERS DE TOUS NIVEAUX. CES LIVRES COUVRENT UNE GAMME ÉTENDUE DE SUJETS, INCLUANT L'ANALYSE TECHNIQUE ET FONDAMENTALE, LA GESTION DU RISQUE, LA PSYCHOLOGIE DU TRADING, LES SYSTÈMES DE TRADING AUTOMATISÉS, ET LES APPROCHES SPÉCIFIQUES POUR DIFFÉRENTS MARCHÉS COMME LES ACTIONS, LE FOREX OU LES CRYPTOMONNAIES. LES AUTEURS DE CES LIVRES PARTAGENT SOUVENT LEURS PROPRES EXPÉRIENCES, SUCCÈS ET ÉCHECS, OFFRANT DES INSIGHTS PRATIQUES ET DES CONSEILS FONDÉS SUR LA RÉALITÉ DU TRADING. LES TRADING BOOKS PEUVENT ÊTRE DES RESSOURCES PRÉCIEUSES POUR ACQUÉRIR DE NOUVELLES CONNAISSANCES, AFFINER DES STRATÉGIES ET RESTER INFORMÉ DES DERNIÈRES TENDANCES ET TECHNIQUES DANS LE MONDE EN ÉVOLUTION RAPIDE DU TRADING. ILS SONT UN COMPLÉMENT UTILE À L'ÉDUCATION FORMELLE ET À L'EXPÉRIENCE PRATIQUE POUR CEUX QUI CHERCHENT À EXCELLER DANS LE DOMAINE DU TRADING.

97

MARCHÉS ÉMERGENTS

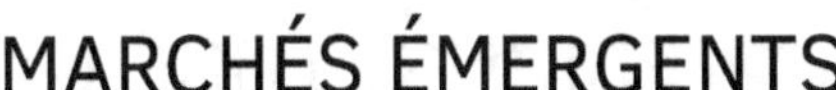

LES "EMERGING MARKETS" DÉSIGNENT LES MARCHÉS FINANCIERS DES PAYS EN DÉVELOPPEMENT, QUI SE CARACTÉRISENT SOUVENT PAR UN POTENTIEL DE CROISSANCE ÉCONOMIQUE RAPIDE, MAIS AUSSI PAR UNE PLUS GRANDE VOLATILITÉ ET DES RISQUES ACCRUS PAR RAPPORT AUX MARCHÉS DÉVELOPPÉS. CES MARCHÉS COMPRENNENT GÉNÉRALEMENT DES ÉCONOMIES NATIONALES AVEC DES INFRASTRUCTURES FINANCIÈRES ET COMMERCIALES EN PHASE DE MATURATION. LES INVESTISSEURS SONT ATTIRÉS PAR LES EMERGING MARKETS POUR LEUR POTENTIEL DE RENDEMENTS ÉLEVÉS, ÉTANT DONNÉ QUE CES ÉCONOMIES PEUVENT OFFRIR DES OPPORTUNITÉS D'EXPANSION RAPIDE DANS DIVERS SECTEURS TELS QUE LA TECHNOLOGIE, LA FINANCE, L'INFRASTRUCTURE ET LA CONSOMMATION. CEPENDANT, INVESTIR DANS LES EMERGING MARKETS COMPORTE DES DÉFIS, NOTAMMENT LA STABILITÉ POLITIQUE, LES FLUCTUATIONS DES TAUX DE CHANGE, LES BARRIÈRES RÉGLEMENTAIRES ET LES NIVEAUX VARIABLES DE TRANSPARENCE ET DE GOUVERNANCE D'ENTREPRISE. POUR LES INVESTISSEURS INTERNATIONAUX, LES EMERGING MARKETS REPRÉSENTENT UNE OPPORTUNITÉ DE DIVERSIFICATION DE PORTEFEUILLE ET D'EXPOSITION À DE NOUVELLES DYNAMIQUES ÉCONOMIQUES.

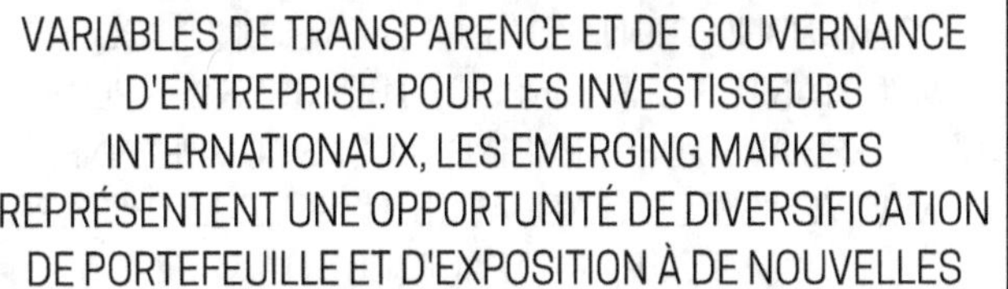

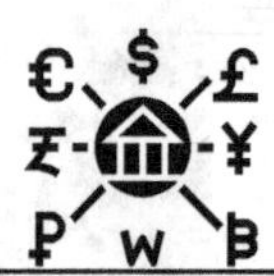

TRADING FLOOR

LE "TRADING FLOOR" EST L'ENDROIT PHYSIQUE DANS UNE BOURSE OÙ SE DÉROULENT LES TRANSACTIONS FINANCIÈRES. C'EST LE CŒUR DE NOMBREUSES BOURSES TRADITIONNELLES, OÙ LES TRADERS ET LES COURTIERS ACHÈTENT ET VENDENT DES INSTRUMENTS FINANCIERS TELS QUE DES ACTIONS, DES OBLIGATIONS, DES COMMODITIES ET DES PRODUITS DÉRIVÉS. SUR LE TRADING FLOOR, LES PARTICIPANTS COMMUNIQUENT LEURS ORDRES D'ACHAT ET DE VENTE PAR DES CRIS ET DES SIGNAUX MANUELS DANS UN PROCESSUS CONNU SOUS LE NOM DE "CRIÉE" OU "OPEN OUTCRY". BIEN QUE DE NOMBREUSES BOURSES AIENT ADOPTÉ DES SYSTÈMES DE TRADING ÉLECTRONIQUES QUI PERMETTENT DE PASSER DES ORDRES À DISTANCE, LE TRADING FLOOR RESTE UN SYMBOLE EMBLÉMATIQUE DE L'ACTIVITÉ BOURSIÈRE. C'EST UN ENVIRONNEMENT DYNAMIQUE ET SOUVENT STRESSANT, CARACTÉRISÉ PAR UNE ACTIVITÉ INTENSE, SURTOUT LORS DES OUVERTURES ET FERMETURES DES MARCHÉS ET LORS DE LA PUBLICATION DE NOUVELLES ÉCONOMIQUES IMPORTANTES. CERTAINES DES BOURSES LES PLUS CÉLÈBRES AVEC DES TRADING FLOORS COMPRENNENT LE NEW YORK STOCK EXCHANGE (NYSE) ET LE CHICAGO BOARD OF TRADE (CBOT).

99

MARKET ORDERS

LES "MARKET ORDERS" OU ORDRES AU MARCHÉ SONT DES INSTRUCTIONS DONNÉES PAR LES TRADERS POUR ACHETER OU VENDRE UN ACTIF IMMÉDIATEMENT AU MEILLEUR PRIX DISPONIBLE SUR LE MARCHÉ. LORSQU'UN TRADER PLACE UN ORDRE AU MARCHÉ, IL PRIORISE LA RAPIDITÉ D'EXÉCUTION PLUTÔT QUE LE PRIX DE L'ACTIF. L'ORDRE EST EXÉCUTÉ PRESQUE INSTANTANÉMENT ET REMPLIT AU PRIX ACTUEL DE VENTE POUR LES ORDRES D'ACHAT OU AU PRIX D'ACHAT POUR LES ORDRES DE VENTE. LES MARKET ORDERS SONT SOUVENT UTILISÉS DANS DES SITUATIONS OÙ LA RAPIDITÉ D'EXÉCUTION EST PLUS IMPORTANTE QUE LE PRIX EXACT AUQUEL L'ORDRE EST EXÉCUTÉ, PAR EXEMPLE, DANS DES MARCHÉS TRÈS LIQUIDES OÙ LES PRIX NE VARIENT PAS CONSIDÉRABLEMENT EN UN COURT LAPS DE TEMPS. CEPENDANT, DANS DES MARCHÉS MOINS LIQUIDES OU PLUS VOLATILES, LES MARKET ORDERS PEUVENT ENTRAÎNER DES EXÉCUTIONS À DES PRIX INATTENDUS EN RAISON DE FLUCTUATIONS RAPIDES DES PRIX.

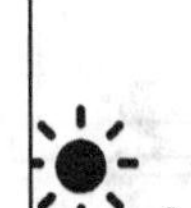

100

CRYPTO MINING

LE "CRYPTO MINING" EST UN PROCESSUS CLÉ DANS LE FONCTIONNEMENT DES CRYPTOMONNAIES COMME BITCOIN. CE PROCESSUS IMPLIQUE L'UTILISATION DE LA PUISSANCE INFORMATIQUE POUR RÉSOUDRE DES ÉNIGMES CRYPTOGRAPHIQUES COMPLEXES, NÉCESSAIRES À LA VÉRIFICATION ET À L'ENREGISTREMENT DES TRANSACTIONS SUR LA BLOCKCHAIN. LORSQU'UNE TRANSACTION EST EFFECTUÉE, ELLE DOIT ÊTRE VALIDÉE ET AJOUTÉE À UN BLOC SUR LA BLOCKCHAIN. LES MINEURS UTILISENT LEUR MATÉRIEL INFORMATIQUE POUR CONCURRENCER D'AUTRES MINEURS DANS LA RÉSOLUTION DE CALCULS MATHÉMATIQUES COMPLIQUÉS QUI PERMETTENT CETTE VALIDATION. LE PREMIER MINEUR QUI RÉSOUT LE CALCUL ET VALIDE LE BLOC EST RÉCOMPENSÉ PAR UNE CERTAINE QUANTITÉ DE CRYPTOMONNAIE, UN PROCESSUS CONNU SOUS LE NOM DE "PROOF OF WORK". LE CRYPTO MINING EST ESSENTIEL POUR MAINTENIR L'INTÉGRITÉ, LA SÉCURITÉ ET LA DÉCENTRALISATION DES CRYPTOMONNAIES. CEPENDANT, CETTE ACTIVITÉ EST ÉGALEMENT CRITIQUÉE POUR SA CONSOMMATION ÉNERGÉTIQUE ÉLEVÉE, EN PARTICULIER DANS LES RÉSEAUX UTILISANT DES MODÈLES DE PREUVE DE TRAVAIL À GRANDE ÉCHELLE.

COPYRIGHT © 2023

TOUS LES DROITS SONT RÉSERVÉS. AUCUNE PARTIE DE CETTE PUBLICATION NE PEUT ÊTRE REPRODUITE, DISTRIBUÉE OU TRANSMISE SOUS QUELQUE FORME OU PAR QUELQUE MOYEN QUE CE SOIT, Y COMPRIS LA PHOTOCOPIE, L'ENREGISTREMENT OU D'AUTRES MÉTHODES ÉLECTRONIQUES OU MÉCANIQUES, SANS L'AUTORISATION ÉCRITE PRÉALABLE DE L'ÉDITEUR, SAUF DANS LE CAS DE BRÈVES CITATIONS INCORPORÉES DANS LES CRITIQUES ET CERTAINES AUTRES UTILISATIONS NON COMMERCIALES AUTORISÉES PAR LA LOI SUR LE DROIT D'AUTEUR. TOUTE RÉFÉRENCE À DES ÉVÉNEMENTS HISTORIQUES, À DES PERSONNES RÉELLES OU À DES LIEUX RÉELS PEUT ÊTRE RÉELLE OU UTILISÉE FICTIVEMENT POUR RESPECTER L'ANONYMAT. LES NOMS, LES PERSONNAGES ET LES LIEUX PEUVENT ÊTRE LE PRODUIT DE L'IMAGINATION DE L'AUTEUR.

IMPRIMÉ PAR AMAZON.

www.ingramcontent.com/pod-product-compliance
Lightning Source LLC
Chambersburg PA
CBHW050033260726
48658CB00005B/1581